Marketing para Recursos Humanos

Diseño de tapa:
ESTUDIO OLIVIERI

ANDREA LINARDI
MIGUEL CORTINA

Marketing para Recursos Humanos

Comunicaciones internas
para la Marca Empleador

GRANICA

ARGENTINA - ESPAÑA - MÉXICO - CHILE - URUGUAY

© 2017 *by* Ediciones Granica S.A.

ARGENTINA
Ediciones Granica S.A.
Lavalle 1634 3º G / C1048AAN Buenos Aires, Argentina
Tel.: +54 (11) 4374-1456 - Fax: +54 (11) 4373-0669
granica.ar@granicaeditor.com
atencionaempresas@granicaeditor.com

MÉXICO
Ediciones Granica México S.A. de C.V.
Valle de Bravo N° 21 El Mirador Naucalpan Edo. de Méx.
53050 Estado de México - México
Tel.: +52 (55) 5360-1010 - Fax: +52 (55) 5360-1100
granica.mx@granicaeditor.com

URUGUAY
Tel: +59 (82) 712 4857 / +59 (82) 712 4858
granica.uy@granicaeditor.com

CHILE
Tel.: +56 2 8107455
granica.cl@granicaeditor.com

ESPAÑA
Tel.: +34 (93) 635 4120
granica.es@granicaeditor.com

www.granicaeditor.com

ISBN 978-950-641-916-5

Hecho el depósito que marca la ley 11.723

Impreso en Argentina. *Printed in Argentina*

Linardi, Andrea
   Marketing para Recursos Humanos : comunicaciones internas
para la Marca Empleador / Andrea Linardi ; Miguel Cortina. -
1a ed . - Ciudad Autónoma de Buenos Aires : Granica, 2017.
   224 p. ; 22 x 15 cm.

   ISBN 978-950-641-916-5

   1. Marketing. 2. Recursos Humanos. I. Cortina, Miguel II.
Título
   CDD 658.83

A Facu, Juanchi y Mar

ÍNDICE

AGRADECIMIENTOS

Agradecemos a todos aquellos que nos inspiraron y alentaron para volcar en este libro las observaciones y reflexiones que nos guían en las distintas intervenciones que hacemos en organizaciones de toda índole.

A la doctora Delia Garrido por su disponibilidad y agudeza para desentrañar las cuestiones estadísticas, las cuales son la base esencial de nuestra obra.

A la gente de la Editorial Granica, que creyó en el proyecto y nos avaló con su publicación.

A todas las personas de nuestro equipo que nos acompañaron en el desarrollo de este libro: a Graciela D'Ercole, quien estuvo en cada detalle cuidando la calidad total de nuestra obra, a Valeria Follonier y Erika Uehara por su entusiasmo y energía para avanzar con nuestra idea, a Marcela Savka por su creatividad en el diseño captando cada concepto que quisimos transmitir y a Ximena Sinay por su dedicación.

A Mariana Porta por su aporte desinteresado y la profesionalidad que la caracteriza.

A Juan Manuel Martín por su predisposición para escuchar de qué se trata esta obra y su generosidad para prologarla.

A todos los profesionales que nos acompañan a través de sus testimonios, gracias por confiar en nuestra propuesta;

con sus participaciones hemos logrado que nuestro libro contara con vivencias y experiencias de la práctica profesional: Rafael Bergés, Julieta Camandone, Daniel Cwirenbaum, José Demicheli, Graciela Figueira, Lionel Hepner, Juan Iramain, Analía Marta, Miguel Premoli, Lázaro Quintín, Andrés Romagnoli, Mariana Talarico, Anabella Tedesco y Juan Uribe.

Agradecimientos de Andrea Linardi

Agradezco profundamente a mis equipos de trabajo que durante 25 años me han acompañado, enseñado e inspirado a ser mejor persona y mejor profesional, sin su presencia no sería la Andrea que soy hoy. Un reconocimiento especial a Evangelina Galano, Erika Uehara y Gustavo Pisani por su presencia desde los lugares en que nos fuimos cruzando en las diversas vueltas de la vida.

A Diego Kerner, quien con su generosidad y profesionalismo me enseñó las pautas para poder concretar este sueño.

A Hugo Brunetta por su aliento para animarme a lanzarme en este desafío.

A Sebastián Campanario por sus sugerencias para enfocarme y transformar años de experiencia en un libro publicado.

A Miguel, que se embarcó e hizo posible que este proyecto sea una realidad.

A mi Tucha, por su presencia incondicional, acompañándome en cada decisión que elijo a lo largo de mi vida.

A mi madre, quien con su ejemplo me enseñó que es nuestra pasión la que nos permite alcanzar aquello que deseamos.

A Facu, mi hijo, quien me enseña cada día con su humanidad, empatía, inteligencia y reflexiones.

Agradecimientos de Miguel Cortina

Agradezco particularmente a René Cortina, mi padre, que me acompañó incondicionalmente en todo lo que decidiese para mi vida.

A los grandes jefes que tuve en mi trayectoria profesional, quienes me ayudaron a tener una vara propia para definir un trabajo bien hecho.

A Andrea, sin cuya insistencia no habríamos logrado materializar esta obra.

A mis hijos, que son mi felicidad más genuina.

PRÓLOGO DE LOS AUTORES

La incumbencia del área responsable de la gestión con personas en las organizaciones ha cambiado. La de los profesionales que la conforman también.

El departamento que hasta no hace mucho tiempo se consideraba un sector de soporte hoy es la mano derecha del CEO, reconociendo de este modo que son el desempeño de las personas que trabajan en las empresas y la forma en que articulan sus esfuerzos lo que posibilitará alcanzar los resultados de negocio planteados. Y esto no es nuevo, ya la tapa de la *Harvard Business Review* de Julio-agosto de 2015 titulaba "It's Time to Blow Up HR and Build Something New" (es tiempo de hacer estallar los Recursos Humanos y construir algo nuevo).

Es clave entonces que nuestra empresa sea un espacio motivador e inspirador, que nuestra Marca Empleador sea fuerte y seductora para los talentos que necesitemos retener y conquistar en el mercado. La comunicación hacia ellos pasa a ser el pivote para lograrlo. Nuestra Marca Empleador se construye a través de los mensajes que las personas perciben.

Solemos minimizar y desestimar las diferencias entre una comunicación efectiva y aquella que no lo es, cuando en realidad el resultado de una y de otra afecta directamente la construcción de nuestra Marca Empleador.

El desafío se hace más complejo cuando nuestro público objetivo tiene valores disímiles. Para un Millennial el concepto de autoridad ya no existe, mientras que para muchos de nosotros las órdenes eran el modo de comunicación habitual. Hoy, si no justificamos e involucramos a nuestros colaboradores en los proyectos no alcanzaremos los objetivos de negocio planteados.

La incertidumbre de los contextos y la velocidad del cambio tecnológico, que impactan en la sociedad, el negocio y el mundo del trabajo, imponen a los líderes preparar a la gente para enfrentar esas transformaciones, desaferrándose a certezas consolidadas a lo largo de sus trayectorias, y a adquirir nuevos conocimientos y nuevas destrezas, incluso las que aún no estamos terminando de definir. Para ello, debemos aprender a estar más dispuestos a desaprender, para poder así reaprender, y de esa manera poder navegar en este mundo complejo.

La idea fuerza que sostiene nuestro libro está basada en la experiencia de que un plan estratégico de comunicación interna exitoso es el resultado de diversas etapas diseñadas e implementadas a partir de una cultura organizacional que promueva y facilite su desarrollo. Y este es el camino para construir nuestra Marca Empleador, lo cual significará ser una empresa que convoque a los más capaces y cumpla el desafío de retener a los talentos que el negocio requiere.

El mercado laboral está constantemente en movimiento y tengamos presente que para los más jóvenes el cambiar les permite experimentar nuevas vivencias, lo que les representa un valor para su crecimiento profesional. El que nos elijan o que nos sigan eligiendo día a día como su empleador dependerá de nosotros.

Hagámonos cargo.

Esperamos que nuestro libro abone ese camino.

ANDREA LINARDI y MIGUEL CORTINA

PRÓLOGO DE JUAN MANUEL MARTÍN[1]

Cuando Andrea y Miguel me invitaron a ser parte de este proyecto, además de sentir un inmenso orgullo, lo primero que se me vino a la cabeza fue preguntarme qué podría aportar desde mi perspectiva a este libro que ya no lo dijera luego de la investigación realizada y de sus conclusiones.

Lograron reflejar en una sola obra prácticamente todo lo teórico y práctico que se puede saber y vivenciar, sin importar la compañía, en materia de las comunicaciones internas y su uso eficiente. En las empresas estamos acostumbrados

---

1. Juan Manuel Martín es licenciado en Relaciones Humanas y Relaciones Públicas de la Universidad de Morón, cursó un MBA en la Universidad de Palermo y realizó el Leadership Development Programme en Miami, dictado por el IESE, Universidad de España. Actualmente es director de Recursos Humanos, Asuntos Corporativos y Legales en Cervecería Argentina Isenbeck, subsidiaria de AB Inbev. Tiene una experiencia de casi veinte años en el área de Recursos Humanos en diversas compañías, tanto de servicios como industriales, entre ellas, Estudio Boidi (ciencias económicas y sistemas), Olympo SA (servicios a plataformas petroleras off shore), Arauco Argentina SA (empresa forestoindustrial). Ha gestionado procesos de fusiones, *startup* de negocios, cambios organizacionales y negociaciones paritarias sindicales de diversa índole, por actividad, empresa o nacionales. Es invitado frecuentemente a participar como conferencista en distintos congresos de Recursos Humanos, y ha colaborado con cátedras de posgrado de Recursos Humanos en diversas universidades, como la UCA.

a tener como herramienta fundamental el uso de las comunicaciones internas, pero muchas veces esto es más una muletilla que una práctica concreta.

La cultura de la organización lo es todo; solo para resumir puedo pensar en este momento lo muy importante que es el "qué" en una compañía, pero también es muy importante el "cómo" se hacen las cosas, y para poder afianzar los "cómo" debe tenerse una comunicación efectiva.

Ahora bien, recuerdo haber leído material bibliográfico durante y post facultad, donde expresiones tales como "la compañía decidió…", "la compañía debe…" se reflejaban en mi mente con una letra "E" o una pirámide encerradas en un círculo, que con el tiempo me di cuenta que las hacían absolutamente impersonales, sin rostro y sin responsables. Sin embargo, fue clave para mí entender que si cambiaba la expresión de "la compañía" por "el líder", "el comité ejecutivo", etc., en mi mente se realizaba una metamorfosis que me permitía ponerle un rostro, o más de uno, que personalizaba y le daba mayor entendimiento a la toma de decisiones y/o comunicaciones.

Los profesionales de Recursos Humanos, en la mayoría de los casos, estamos a cargo de procesos tan importantes como cambio organizacional, o desarrollo organizacional, empleo, gestión de talento y tantos otros que podría ocupar toda una carilla describiéndolos. Pero todos estos procesos tienen como destinatarios y/o partícipes indispensables a quienes son los actuales y/o futuros colaboradores de la empresa.

Una vez, en un programa de liderazgo realizado en Miami, uno de los disertantes comenzó una reflexión con las siguientes palabras: "Cantas bonito, pero se te oye feo". Me pareció que reflejaba mucho la realidad de lo que pasa cotidianamente en las empresas y es por eso que le pido permiso para utilizarla en este prólogo. ¿Hemos sentido que nos expresamos de manera correcta, con palabras sencillas, con el contenido adecuado, pero no nos entienden? ¿Hemos tenido la sensación en el trabajo de entender a otro o que nos entiendan con tan solo una palabra o el inicio de una frase? La diferencia entre la primera y la segunda pregunta tiene como trasfondo que, en la segunda, hay mucho trabajo previo para el mutuo entendimiento, de generación de vínculo, de comprender lo que le pasa al otro, de poder expresar de manera correcta lo que pretendemos sin generar falsas expectativas. Para lograr este entendimiento no alcanza solo con utilizar los medios tradicionales de comunicación interna, o realizarla en plataformas digitales modernas y coloridas. En mi experiencia, la efectividad de la comunicación interna se multiplica cuando, adicionalmente a lo mencionado, se realizan refuerzos comunicacionales "cara a cara", construyendo conversaciones con significado, sostenidas en el tiempo, que contengan tópicos del ámbito laboral, personal y de intereses futuros, alentando las escuchas activas que nos permitan conocer a las personas con las que trabajamos.

¿Cuántas veces los responsables de equipos o procesos, con sus palabras o acciones, alejan o separan las distancias entre lo que se comunica y lo que en definitiva se hace? ¿Cuántas veces ocurre que las compañías –aquí lo hago impersonal para que nadie se sienta reflejado– creen que hacen lo correcto y se olvidan de que quizá en una entrevista de trabajo a un candidato o, lo que es peor, a un miembro de su equipo les han dicho en el pasado algo completamente diferente solo para venderles una propuesta de trabajo? Estos tipos de situaciones hacen más profunda la brecha entre el decir y el hacer, atentan directamente contra todos los esfuerzos que un departamento de Recursos Humanos puede realizar para atraer, mantener, desarrollar y potenciar el capital humano que compone la organización. Estas acciones llevan con el tiempo a un final de la relación laboral, motivado en expectativas erróneas y rupturas de los contratos psicológicos que afectan directamente a la Marca Empleadora.

Todos estos casos, incógnitas, realidades o fantasías expuestas en los párrafos anteriores son tratados en este libro, y entregan herramientas, expresan ideas y experiencias vividas por profesionales de distintas compañías que tienen como finalidad compartirlas para generar, a partir de aquí, un camino hacia esa eficacia en la utilización y la potencialidad de las comunicaciones internas.

Es por eso que al finalizar de leer este libro encontrarán claridad para poder sumar, desde la responsabilidad de liderazgo de Recursos Humanos, a la construcción de una Marca Empleador atractiva para los talentos que los negocios de hoy necesitan.

Ahora sí, los invito a disfrutar de este material que fue elaborado con mucha dedicación, pasión y profesionalismo.

Parte I

COMUNICACIONES INTERNAS PARA LA MARCA EMPLEADOR

CAPÍTULO I

ESTRATEGIAS PARA UNA COMUNICACIÓN INTERNA EFICAZ

Sinceramente… ¿creemos que la comunicación es realmente importante?

¿Qué comunicamos? ¿Lo hacemos todo junto de una vez? ¿De qué modo es más conveniente? ¿Cuál va a ser el mensaje? ¿Resultará comprensible? ¿Se lo contamos a todos? ¿En qué momento? Estas y muchas otras preguntas son las que surgen cuando definimos un plan de acción, tomamos la decisión de comunicarlo y queremos transmitírselo a nuestros colaboradores.

Empecemos un poco antes. ¿Creemos que la comunicación es efectivamente importante? Allí está el interrogante fundamental. En las compañías solemos poner el foco en el hacer, en cumplir con los objetivos marcados, en alcanzar la planificación diseñada. Es decir: nos centramos en el *qué*. Pero, al momento de pensar en la comunicación, necesitamos poner el foco de nuestra mirada en el *cómo*. Y esto no es algo demasiado considerado en nuestras responsabilidades. Dov Seidman, experto en gestión de empresas, escribió al respecto un libro muy interesante cuyo título es *How. Why How We Do Anything Means Everything in Business… (and in Life)* (Cómo. Por qué la forma en que hacemos algo significa todo en los negocios... [y en la vida]).[1]

Hasta hace un tiempo, las diferentes áreas de una compañía trabajaban por separado, con responsabilidades particulares y con el control de la autoridad como modelo de gerenciamiento. Eran pocos los que delineaban los planes y muchos los que los llevaban a cabo. Pero eso era antes. Hoy, con la velocidad que adquirió la información, es muy fácil conocer nuevas culturas, otras maneras de organizar las empresas, y los más jóvenes abrazan rápidamente los nuevos modelos y, en consecuencia, reclaman y exigen modificaciones reales en los valores sobre los que se construya una organización.

En este cambio la comunicación es un eslabón esencial. Hoy, la colaboración y motivación que los líderes infunden en sus equipos llevándolos a dar lo mejor de sí en cada momento resulta esencial. Nadie queda afuera. Todos somos estimulados a contribuir y a desarrollar nuestro *empowerment,* a evaluar riesgos, haciéndonos cargo de las decisiones que tomamos y las consecuencias que ello acarrea. La comunicación entre los distintos miembros de una compañía es el modo en el que efectivamente las personas se conectan, se crean vínculos confiables que lograrán que los equipos se comprometan a alcanzar los objetivos planificados.

Volviendo al plan de acción diseñado, este puede ser magnífico, pero hace falta que los involucrados se motiven con él. Para lograr el éxito todos hacen falta; para llegar a buen puerto no alcanza con nuestra idea o con nuestra planificación. Realizar una comunicación eficiente resulta fundamental para alcanzarlo.

¿Qué es comunicar? Comunicación proviene de la palabra en latín *communicare,* que quiere decir compartir. In-

---

1.   Seidman, D.: *How. Why How We Do Anything Means Everything in Business … (and in Life).* John Wiley & Sons, Inc., New Jersey, 2007.

dudablemente, de eso se trata: de compartir con los demás nuestras ideas y, así, involucrar a todos en el asunto. Si pensamos en una organización, el comunicar ayuda a conseguir el compromiso y la motivación de los colaboradores para llegar a los objetivos planificados. No basta con ser capaz de pensar una idea fantástica o armar un gran plan. La diferencia radicará en conseguir conectar a todos para que, en equipo, puedan hacer frente a los retos. Y eso lo lograremos… ¡comunicando!

¿Cómo realizarlo de un modo eficaz? Es habitual que, para simplificar, pensemos en comunicarles a todos a través de un mismo mensaje. Pero es posible que eso no sea lo que más convenga. En el día a día, cada uno lo va a interpretar según su contexto. No puede preverse cómo decodificará cada uno el mensaje que comunicamos. Al transmitirlo solo damos el puntapié inicial para que cada uno lo escuche de acuerdo con su *background,* sus prejuicios, ideales, valores y vivencias. De todos modos, compartimos la responsabilidad en esa escucha y esa es el área sobre la que tenemos que trabajar para poder hacerlo lo mejor posible.

Antes, al pensar en un plan de comunicación, el foco estaba puesto en el emisor. Pero hoy –con la necesidad de hacerse cargo de la multiplicidad del auditorio– hay que prestar especial atención al receptor. Si a nuestros clientes internos no les queda claro lo que queremos contar, nada de lo que hagamos tendrá sentido ¡Ese es nuestro reto! Entonces, es necesario pensar de qué manera comunicar nuestro mensaje de un modo eficaz, aun siendo conscientes de que cada uno lo interpretará de manera personal y, en consecuencia, ¿diferente?

Claves para un plan de comunicación interna eficaz

Para alcanzar con éxito lo que queremos lograr es fundamental que nuestro plan tenga en cuenta algunas estrategias.

Síntesis

Lo bueno, si breve, dos veces bueno, es una expresión que se le atribuye al escritor español Baltasar Gracián, del siglo XVII. Y suele ser así. Hay tres motivos que contribuyen para justificar esta frase: primero, cada vez destinamos menos tiempo a leer; segundo, paradójicamente somos blanco de cada vez más mensajes, y tercero, el *multitasking* está a la orden del día, vamos de un tema a otro y dedicamos cada vez menos tiempo a cada uno.

La generación Millennial, aquella nacida entre comienzos de la década de 1980 y principios de la de los 2000, representará en 2025 en todo el mundo el 75% de la fuerza laboral[2] y ellos están caracterizados por desarrollarse en un mundo digital desde temprana edad. Los que vinieron después, la Generación Z, ya llegaron con un Ipad como prolongación de su mano, y YouTube es el canal por el que se comunican. Leemos cada vez menos. Lo audiovisual es el camino; hoy en día se suben a YouTube 300 horas de video por minuto. Y, anualmente, aumenta un 50% la cantidad de horas que se destinan a mirar su contenido.

La cantidad de mensajes que recibimos crece a diario. Es habitual que cualquier ejecutivo encuentre más de cien mails todos los días en su casilla de correo y los pendientes de lectura se van acumulando. ¡El desafío es que abran y lean el nuestro!

Tenemos que lograr que nuestros mensajes seduzcan al receptor para que se sienta invitado a prestarnos atención. Aunque más no sea durante algunos segundos. Hoy nos exponemos a la inmediatez. Cambiar un canal, cerrar un mail o no prestarle atención a un aviso son acciones inmediatas que responden a que, actualmente, el cambio es un valor. Y esta nueva realidad también se verifica en la comunicación.

---

2. Deloitte Consulting SSP y Bersin por Deloitte. *Tendencias Globales del Capital Humano 2014.* Recuperado de https://www2.deloitte.com/content/dam/Deloitte/global/Documents/HumanCapital/dttl-hc-trends-spa-spanish.pdf

Lo impreso está perdiendo frente a lo audiovisual. Y eso implica una modificación en el modo en que comunicamos. Cuantas menos palabras, mejor. Y, así, volvemos al comienzo:

> *Lo bueno, si breve, dos veces bueno.*

Ser coherentes

Cada mensaje se interpreta de acuerdo con las creencias, vivencias y valores de quien lo lee. Si les damos a leer el mismo texto a tres personas diferentes, es posible que cada una le dé un sentido distinto. Así, debemos pensar en la necesidad de adaptar el mensaje ("customizarlo") según los receptores a los que va dirigido. Así, variarán los elementos, canales o acciones que utilizaremos para llegar a ellos. Pero lo fundamental es lograr ser coherentes.

Al mismo tiempo, para llegar a la mayor cantidad posible de receptores, será necesario contar con opciones de canales para alcanzar a cada uno en su sitio: carteleras, afiches, gigantografías, correos electrónicos, cartas, *pop ups*, intranets, colgantes, elementos de promoción, catálogos, folletos, newsletters, *movies, stoppers*, boletines, letreros, intervenciones, regalos… y cualquier otra opción que pueda ocurrírsenos. Todos pueden ser portadores de un mensaje. Por lo tanto, es clave que cada una de las palabras consoliden una misma y única idea. E incluso que tengan la misma identidad marcaria de nuestra comunicación. De este modo, palabras, colores, isologos y diseños deberán alinearse para lograr coherencia en el mensaje para maximizar su resultado.

Permanencia en el tiempo

Para evitar resultados perecederos y coyunturales es necesario tomarse tiempo y no apurar los procesos. Para conseguir una comunicación que resulte confiable es fundamental que exista una continuidad en el tiempo.

Solemos decir que alguien es confiable cuando cumple lo prometido o hace lo que dice. Y para poder demostrarlo hace falta tiempo. Algo parecido sucede con la comunicación. El tiempo nos ayudará para que la realidad valide nuestro mensaje y nuestra comunicación sea creíble y confiable.

Del mismo modo, el paso del tiempo puede dejar en evidencia las contradicciones y modificaciones sin fundamentos en el rumbo. Pero aquí vale la pena una aclaración: los negocios requieren de la capacidad para transformarse, el ser flexibles es lo que contribuye a que una organización sea exitosa. Lo que suele tener un impacto negativo son los cambios sin motivos claros. Puede modificarse el rumbo cada vez que creamos que es conveniente, pero no podemos aspirar a ser creíbles si comunicamos mensajes contradictorios sin justificación alguna.

También, el hecho de que un mensaje se prolongue en el tiempo va a implicar la repetición. Si queremos que el mensaje llegue y resulte creíble tenemos que reiterarlo. Con lo cual, podemos ahorrarnos las excusas cuando volvemos a decir algo o enviamos por mail la misma comunicación más de una vez. "Los empleados de una organización necesitan escuchar las cosas siete veces antes de creerlas", asegura el escritor Patrick Lencioni. Por todo esto, no resulta descabellado pensar en repetir el mensaje de diversas maneras para que todos, verdaderamente, lo crean. Cuando queremos llevar a la práctica un plan de comunicación interna –y estamos seguros de que será bueno para nuestra organización– no dudemos en reiterarlo y explicarlo una y otra vez hasta que todos los colaboradores a los que afecta estén involucrados y convencidos.

¿Cuántas veces deberemos repetir y mantener un mensaje para conseguir que resulte creíble y todos lo comprendan? Lo sabremos de acuerdo a cuán efectivo haya sido, y de eso nos daremos cuenta según el feedback que obtengamos.

> ✑ *Los empleados de una organización necesitan escuchar las cosas siete veces antes de creerlas.*[3]

Impacto del mensaje

Necesitamos provocar impacto para, de ese modo, generar que se hable del mensaje, que el rumor o *word of mouth* haga su trabajo entre los integrantes de la organización. Si logramos que nuestros colaboradores comenten o repliquen nuestros comunicados, habremos sido eficaces en nuestra estrategia. Y consideremos que no tenemos mucho tiempo para lograrlo.

Zygmunt Bauman[4], sociólogo y filósofo polaco fallecido recientemente, conocido por acuñar el concepto de la "sociedad líquida", sostenía que la realidad de la época actual está marcada por el ritmo cambiante e inestable y por la celeridad de los acontecimientos, y representaba la relación entre el pensamiento y los medios de comunicación digitales con la palabra *surfear*. De este modo, ejemplifica la manera en que el pensamiento fluye de un sitio a otro. Navegar por la web requiere una sencillez de movimiento que socava la paciencia. No es extraño que alguien abandone una búsqueda en la web si, en menos de un minuto, no encuentra la respuesta. La paciencia no es un don que abunde hoy en día, los períodos de atención cada vez son más breves y acotados. Y lo que ocurre en los medios de comunicación puede extrapolarse linealmente a las comunicaciones internas. Para no ser tapados por las olas, los mensajes deben ser impactantes y relevantes.

¿Cómo darse cuenta de que nuestra comunicación deja huella? Si algo –acción, mensaje o elemento– llama la atención

---

3. Lencioni, P.: *Las cuatro disciplinas de las organizaciones saludables*, HSM Inspiring ideas. Recuperado de https://www.youtube.com/watch?v=4eDFx1dVRpM 2010.
4. Bauman, Z.: *Mundo consumo. Ética del individuo en la aldea global.* Ediciones Paidós, Buenos Aires, 2010.

y nos genera sorpresa en nuestro día a día, estará cumpliendo el requisito. Si nos sentimos invitados a parar y mirar, es posible que estemos consiguiendo aquello tan buscado en comunicación... ¡El boca a boca! Una regla de oro en marketing es que los consumidores confían, por sobre cualquier cosa, en las recomendaciones de sus amigos... Y algo similar sucede en las organizaciones: para contribuir a la confianza y credibilidad de una institución, no hay nada más confiable que un empleado.

De acuerdo con el estudio Trust Barometer realizado por la agencia global Edelman[5], que analiza la confianza y credibilidad en las instituciones, el 48% de los consultados asegura que los empleados son quienes proveen la información más creíble si de hablar de su empresa se trata. ¡El radio-pasillo se impone! Es clave registrar que lo que sienten las personas conforma la cultura de una organización, y por consiguiente los colaboradores darán testimonio de su empresa sobre la base de los valores que viven en su cotidianidad laboral.

> ✍ *La paciencia es muy limitada hoy en día, los lapsos de atención se vuelven más y más limitados.*[6]

Eslabones esenciales de un proceso de comunicación

Emisor

Para revestir de importancia a la comunicación, lo mejor es que el emisor del mensaje sea el responsable máximo de la organización (o del área involucrada). Pero hay algo que es todavía más importante: ser confiable. Lo ideal sería que

5. *Edelman Trust Barometer Annual Global Study. 2017.* Recuperado de http://www.edelman.com/trust2017/
6. Bauman, Z.: *op. cit.*

estas dos características confluyeran en la misma persona, pero a veces esto no sucede y, si hace falta priorizar, primero está la confianza.

Suele pensarse que quien más sabe del tema tiene que ser el encargado de comunicar, pero conviene demostrar primero que el asunto es relevante y eso se consigue si el líder está presente. La autoridad y el especialista cumplen funciones distintas, y reconocerlo va a permitir que se complementen; quizá la autoridad máxima puede dar la noticia y el experto presentar los pormenores del proyecto. De todos modos, la presencia de la máxima jerarquía es la que otorgará relevancia al asunto. De allí que, si vale la pena, es fundamental que los responsables máximos destinen tiempo para respaldarlo.

Cuando difundimos un mensaje, esperamos que quienes escuchan se sumen y avalen lo que estamos contando. Resulta más inspirador y se consigue mayor motivación si es el líder el que señala el camino contando la idea en primera persona. Es importante que quien comunica sea confiable y creíble.

También es importante tener en cuenta de qué manera decodifican los receptores al emisor. De acuerdo con investigaciones llevadas a cabo por el profesor de psicología de la Universidad de California Albert Mehrabian, si la comunicación es ambigua, creemos solamente un 7% en las palabras y el otro 93% se guía por la comunicación no verbal. Dentro de ese 93%, el 38% presta atención a la vocalización (voz, modo de entonar, resonancia, volumen) y el 55% se focaliza en el lenguaje corporal (gestos, postura, el modo en que se mueven los ojos, la manera en que se respira). Queda claro, entonces, que lo que decimos con el cuerpo influye en nuestras comunicaciones; aún más que lo que se diga, impacta el modo en el que se lo diga.

☞ *Nuestra corporalidad es lo que más impactará en nuestras comunicaciones.*

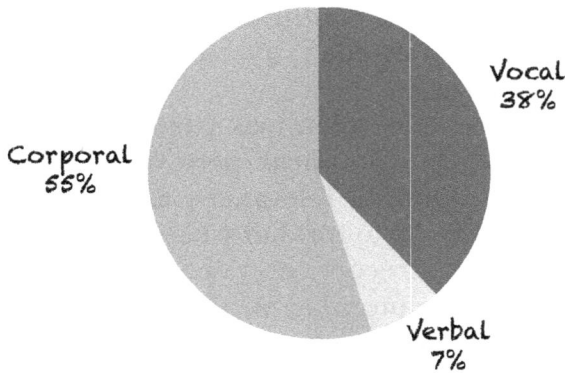

Gráfico 1. Resultados de la investigación de A. Mehrabian.

Receptor

Cada uno de nosotros es diferente del otro. Hace falta tener esto presente cuando queremos comunicar. Es importante, entonces, prestar atención a las particularidades del receptor al que nos dirigimos. Es diferente si buscamos motivar al equipo de ventas que si queremos hacerlo con el departamento de ingeniería. O si queremos llegar al área de atención al cliente o al sector administrativo. Todos tienen características distintas y es bueno tenerlas en cuenta cuando comuniquemos para poder empatizar con cada uno.

Al hablar, solemos focalizar nuestros esfuerzos en que nos escuchen y a veces dejamos de lado que el receptor de nuestro mensaje también quiere ser escuchado. Ser empático con la audiencia es un modo de escucharla. Según la Real Academia Española, la empatía es la identificación mental y afectiva de un sujeto con el estado de ánimo de otro. Así, cuando comunicamos, sumergirse y registrar las emociones de nuestro interlocutor resulta clave.

Humberto Maturana asegura que solemos usar nuestra forma de razonar para argumentar o refutar nuestras emociones. Pero son nuestras emociones –y no nuestra razón– las que encauzan nuestro hacer. Biológicamente, actuamos siempre desde un sitio relacional que se desprende de nuestras preferencias, gustos y deseos, y los argumentos racionales se fusionan en premisas básicas que los gustos y deseos –es decir: las emociones– aceptan.

Nuestra conversación será efectiva si es acorde con las emociones que registren en ese momento los receptores. Por eso, debemos centrarnos en *escucharlas* (o identificarlas).

Resulta clave prestar atención a lo siguiente.

- Las emociones se contagian: la emoción del emisor influirá en el receptor y la suya también lo hará con la del primero. Si somos líderes es bueno no perder de vista que nuestro modo de sentir afectará el contexto en el que nos desempeñaremos. Si buscamos notificar los beneficios que tiene implementar un plan, es necesario que mi emoción también lo comunique. Porque es lo primero que van a *escuchar* y en eso van a creer.
- Nuestro modo de actuar y cómo nos desempeñamos está afectado por las emociones: nuestra conversación va a cambiar según se modifique nuestro modo de sentir, y lo mismo les va a pasar a nuestros interlocutores. Si ellos no sienten que los escuchamos, van a perder motivación y, en consecuencia, capacidad de acción.

Durante la comunicación, el protagonista es el público. Escucharlo es fundamental para que nos escuche.

↲ *Bucear hasta poder registrar la emoción de nuestro interlocutor es el acto más relevante al momento de comunicar.*

Mensaje

Para conseguir que nuestros mensajes tengan impacto y sean relevantes debemos "customatizarlos" (*customer* significa "cliente" en inglés), adaptarlos a cada uno de nuestros destinatarios, según las características de cada uno. De esta manera, si se trata de presentar al área industrial un plan nuevo de capacitación, será conveniente dar todos los detalles posibles y mencionar qué procesos se verán involucrados. Pero si se está comunicando al departamento comercial, puede ser mejor compartir únicamente las nociones generales y los elementos clave que son necesarios para concretar su parte. Porque, en poco tiempo, su atención estará *surfeando* hacia otros mares.

También es importante recordar que forzosamente lo que nosotros digamos y lo que escuchen los demás será diferente, ya que cada uno interpretará el mensaje según su modo de pensar. Todos somos distintos. Y nuestra corporalidad también hablará cuando comuniquemos una idea. El receptor escuchará, con mayor intensidad que nuestras palabras, nuestra intención y emociones. Por eso, los receptores no van a escuchar lo mismo que quisimos decir con nuestras palabras. Esto es inevitable, pero saberlo nos permite trabajar en acotar esa brecha. Y hay estrategias para conseguirlo: reiterar el mensaje todas las veces que lo consideremos conveniente, tener oportunidades de conectarse con los demás e investigar acerca de cómo interpretaron aquello que dijimos suelen ser buenas opciones para acortar la diferencia.

> ☞ *Los receptores no van a escuchar lo mismo que quisimos decir con nuestras palabras. Esto es inevitable, pero saberlo nos permite trabajar en acortar esa brecha.*

Contexto

Todo mensaje suele ser complejo y se ve influido por las circunstancias en las que es emitido. Uno de los referentes en la teoría de la comunicación interpersonal, el psicólogo Paul Watzlawick, sostiene que el modo en que nos comportamos es una manera de comunicación. Así, cuando dos personas interactúan, no existe la ausencia de conducta; entonces, si no es posible no comportarse tampoco es posible el no comunicar. Por eso, tanto lo que hacemos como lo que evitamos hacer, lo que decimos y lo que callamos, todo forma parte del mensaje: repercute en los demás que, al mismo tiempo, se ven obligados a responder a ese mensaje y, en consecuencia, también comunican.

De este modo, no es lo mismo organizar todos los detalles de la presentación de un proyecto, invitar con la suficiente antelación al lanzamiento, contar con un espacio confortable y apropiado para la reunión, tener prevista una presentación audiovisual, facilitar un informe del proyecto cuando la presentación termina, asegurarse de que no haya dudas, pedir sugerencias y feedback del encuentro, que no hacer nada de esto. Tanto el realizarlo como no hacerlo formarán parte de nuestro mensaje y serán parte de nuestra comunicación.

También es importante decidir en qué momento comenzaremos la comunicación. La clave es anticiparnos lo más posible. Para producir el impacto buscado, deberíamos ser los primeros en transmitir el mensaje y motivar; así, conseguir que muchos deseen sumarse a nuestra propuesta. Solemos dañar la comunicación y no tenemos en cuenta que es un punto importantísimo para que nuestro plan tenga éxito.

Hoy en día, en el mundo de los negocios, resulta imprescindible que nuestros colaboradores sean innovadores y puedan analizar en equipo las posibles soluciones para los inconvenientes que puedan surgir, los que cambian de manera constante. La comunicación es el instrumento para conseguir que todos trabajen de manera mancomunada, eficiente y eficaz. La manera de conectarnos con los demás determinará la particularidad de los resultados que obtengamos.

☛ *… toda conducta es comunicación… es imposible no comportarse.*[7]

Feedback

Solo cuando estamos dispuestos a escuchar y nutrirnos con lo que nuestros colaboradores puedan aportarnos debemos solicitarles feedback o retroalimentación. La conversación (palabra que viene de la expresión en latín *con versare*, girar con) es el modo en que el feedback se produce. Una buena manera de ejemplificar este proceso es con una pareja que baila tango: tanto para la danza como para la conversación hace falta que los involucrados sincronicen sus movimientos, se escuchen y actúen (respondan o bailen) de acuerdo con lo que hizo su compañero. Es imposible bailar de una manera armónica sin tener en cuenta el paso del otro. Y tampoco se puede conversar sin escuchar a los demás y enfocándonos únicamente en lo que decimos.

La conversación solo es posible si todas las partes hablan, se escuchan y se retroalimentan con las miradas de los demás. Porque todos vemos una porción de la realidad, según desde dónde la miremos, y ser conscientes de esto es el punto de partida para poder vincularnos con el otro. Pero no es extraño que, a medida que crecemos en nuestra carrera, nos invada la soberbia y confundamos lo que nosotros creemos con la realidad. Cuando nos convencemos de que *la verdad* es la que nosotros sostenemos, no sirve de nada pedir feedback. Lo mejor que nos puede pasar es que nos critiquen de manera constructiva; la obsecuencia y que nos obedezcan sin cuestionamientos deberían ser cosa del pasado. La retroa-

---

7. Watzlawick, P.; Bavelas, J. B. y Jackson D. D.: *Teoría de la comunicación humana. Interacciones, patologías y paradojas.* Editorial Herder, Barcelona, 1983.

limentación solo es posible si transmitimos un mensaje y si nuestros colaboradores lo escuchan. Lo primero es necesario para que lo segundo se produzca, pero no a la inversa.

Solo es posible que consideremos la posibilidad de pedirles opinión a los demás si dudamos sobre la precisión del diagnóstico del que partimos para elaborar nuestro proyecto, si pensamos que se nos puede haber pasado algún detalle, si creemos que podríamos no haber contemplado todas las alternativas o evaluado todas las contingencias, cuando estamos convencidos de que podría habérsenos pasado el estimar a cada uno de los involucrados o ponemos en tela de juicio la dimensión que les atribuimos a las etapas y a los presupuestos que podríamos haber armado. Porque si nos creemos los dueños de la verdad y no pensamos que algo se nos puede haber pasado por alto, nadie percibirá un espacio para comprometerse y concebir el proyecto como algo propio. Y lo que hace falta para alcanzar el éxito es que cada actor evalúe, dé su opinión, no deje pasar nada y colabore con lo necesario para conseguirlo. Solos será imposible.

> ☞ *Cuando uno pregunta y ya tiene una respuesta, uno termina peleándose si la respuesta no coincide con la que teníamos.*[8]

Conectándonos para comunicarnos eficazmente

Cuando ya contamos con un plan es necesario comprometer a cada uno de los implicados para llevarlo a cabo de una manera exitosa. Está claro que en soledad no lo vamos a conseguir. Hace falta generar una conexión entre todos los involucrados en nuestro plan y promover que participen, estén motivados, tengan interés y se muestren comprometidos.

---

8. Senge, P. y Maturana Romesín, H.: *Seminario. Colaboración: clave para la gestión de riesgos laborales y la sustentabilidad.* Realizado por la Escuela Matríztica de Santiago, Santiago de Chile, 2013.

Una vez llegados a este punto es la hora de realizar una comunicación eficaz.

Recordemos los puntos clave para alcanzar el éxito en nuestro reto:

- Anticiparse lo máximo posible.

  Lo mejor es contar el plan a cada una de las áreas involucradas cuando estemos todavía en el momento de la planificación. Así, los implicados en el nuevo proyecto podrán realizar sugerencias, alertas que no tuvimos en cuenta y/o mejoras que no llegamos a pensar. Todos los aportes ayudarán a que cumplamos con nuestro objetivo. Aunque cueste creerlo, efectuar una comunicación tarde tiene las mismas o peores consecuencias que si no lo comunicamos... Aconsejamos no hacer la prueba.

- Comunicar a todos.

  Cuando evaluamos la posibilidad de comunicar nuestro plan solo a quienes están involucrados de manera directa, como puede ser el caso del área comercial, perdemos de vista a otros departamentos que también podrían verse afectados, como producción, finanzas, logística y, ¿por qué no?, recursos humanos (o gestión con personas, como sería más conveniente llamar a esta área). Resulta vital contemplar a todos y, para lograr ese objetivo, como primer paso deberíamos comunicarlo y conectar a cada uno de los implicados para que el equipo pueda realizar aportes que ni siquiera podríamos haber imaginado en soledad.

- Reiterar.

  Quizá puede parecer un elemento menor, pero no es así. Si queremos comunicar solo para cumplir, pero no auditamos la efectividad, basta con decirlo. Si realmente buscamos la motivación, la incentivación para que los colaboradores se sientan parte de nuestro proyecto, sumen y aporten su crítica constructiva, es imprescindible repetir el mensaje una y otra vez. ¡Mejor si son siete!

- Solicitar feedback.
Resulta muy positivo que nuestra idea se vea retroalimentada, mejorada y defendida por cada uno. Si todos los que participan del proyecto se sienten involucrados y con responsabilidades sobre él, lo cuidarán y querrán que se desarrolle. Cuando pedimos feedback es indispensable que estemos dispuestos a escuchar críticas positivas y negativas. Y tengamos en cuenta que el modo en que manifestemos nuestra emoción al recibirlas va a condicionar su autenticidad.

- Escuchar lo que no decimos.
Estar atentos es fundamental. En función de cuán alto estemos en la pirámide de nuestra organización y de cuán valientes sean nuestros colaboradores, habrá espacio o no para las críticas negativas a nuestro plan. El peor escenario sería que las pensaran pero no las dijeran. Casi siempre somos nosotros los responsables de facilitar el espacio para que esas alertas sean realizadas. De la misma manera, hagamos el esfuerzo de leer entre líneas; quizá no se critique abiertamente a un jefe avisándole sobre fallas o errores, pero si estamos atentos siempre podremos seguir pistas y escucharlas.

- Transmitir un mensaje innovador.
Para ser escuchados, hace falta que la información que damos se destaque. Por eso, la originalidad y particularidad contribuye a conseguirlo. El impacto ayuda a que seamos escuchados. Peter Senge, especialista en management, asegura que "la gente no sobresale porque se lo ordenen, sino porque lo desea"; por eso es necesario involucrarlos para que deseen formar parte[9].

---

9. Senge, P.; Roberts, Ch.; Ross, R.; Smith, B. y Kleiner A. *La quinta disciplina en la práctica. Estrategias y herramientas para construir la organización abierta al aprendizaje.* Ediciones Granica, Buenos Aires, 2006.

- Registrar las emociones y corporalidades propias y ajenas.

  Al momento de comunicar, nuestros receptores escucharán nuestra emoción y le creerán a nuestro lenguaje corporal. Es imperioso estar atentos a los dos cuando nos conectemos con los demás y tener en cuenta que son los que determinarán la manera en que seamos considerados. Del mismo modo, se puede mirar desde la vereda de enfrente: si queremos genuinamente conversar con ellos, hacer sinergia y dialogar, se impone estar atentos a lo que cada uno siente y comunica mediante el lenguaje no verbal para conocerlos y entenderlos.

- Desarrollar un plan integral.

  Realizar una planificación completa, con diversas etapas, departamentos implicados, responsables, duración y fechas clave es lo más conveniente. Y, una vez compartida, realizar los ajustes necesarios que surjan de las opiniones, críticas y sugerencias. Un plan necesariamente involucra a toda la organización de manera integral y cada uno debe sentirse parte. Por eso es vital que involucremos, motivemos, comprometamos, preguntemos, conectemos, escuchemos, comuniquemos.

De esta manera, pasando por cada uno de estos puntos, lograremos que nuestro equipo considere como propio nuestro plan y, así, conseguiremos que la implementación se dé de la manera deseada, y alcance el resultado buscado.

☞ *"Los mensajes dejan de serlo cuando nadie puede leerlos", sostenía sabiamente Gregory Bateson.*

CAPÍTULO II

LA COMUNICACIÓN INTERNA Y SU IMPACTO EN LA MARCA EMPLEADOR

Investigar la opinión de los colaboradores

Resulta fundamental conocer el concepto que las empresas se han ganado en general entre sus propios empleados y, sobre todo, qué aspectos de la vida interna de las organizaciones serían los que podrían impactar en mayor medida en dicho concepto. Así, desde nuestra consultora Al Grupo Humano, decidimos comenzar a evaluar la posibilidad de investigar el sentir de los propios empleados de distintas organizaciones acerca de la potencia de sus respectivas Marca Empleador. Cuando investigamos dentro de una organización con fines de diagnóstico, los resultados pertenecen a la propia empresa y la confidencialidad de nuestra intervención impide que se den a conocer masivamente. Es así que, en el segundo semestre de 2015, resolvimos implementar una encuesta anónima online.

La primera cuestión a dilucidar radicaba en determinar la pregunta a partir de la cual pivotearía toda la investigación. Indagar directamente valiéndonos de los términos "Marca Empleador" no nos parecía claro, no lo sentíamos suficientemente familiar y relacionado con la vida profesional cotidiana; no suele formar parte de nuestras conversaciones de cada día.

La pregunta elegida, entonces, fue:

¿Alentaría a un amigo a postularse para trabajar en la empresa en la que usted lo hace?

Partimos de la presunción de que la amistad facilita elevados grados de honestidad, lo que habitualmente no ofrecen algunas relaciones familiares, profesionales o comerciales. Es difícil que reconozcamos de forma abierta que no estamos en el lugar que deseamos, que nuestro trabajo no es tan grandioso como parece o como lo presentamos cuando nos proponemos cuidar las formas o buscamos tener un mejor posicionamiento en el mercado laboral.

Y este es un aspecto de nuestra vida que los amigos conocen o, al menos, merecen conocer de verdad. ¡Con un amigo no se *caretea*!

La siguiente cuestión fue la de articular una serie de preguntas adicionales sobre las características de las empresas donde trabajaban los participantes para tratar de establecer vínculos entre la pregunta madre y dichas particularidades.

Bajo la premisa de que, como veremos en el Capítulo IV, comunicamos cuando hablamos y cuando escribimos, pero, esencialmente, lo que comunicamos más asertivamente está relacionado con lo que hacemos, pensamos descripciones sobre la vida en la cotidianidad de las empresas que debían ser respondidas por sí o por no.

Las proposiciones, todas relacionadas con la empresa donde cada uno trabaja, fueron:

- Brinda oportunidades de crecimiento a quienes se esfuerzan.
- Confío en la palabra de otros integrantes de la organización.

- Cuento con la información necesaria para hacer bien mi trabajo.
- Estoy orgulloso del proyecto al cual contribuyo.
- El lugar de trabajo es confortable.
- La Dirección tiene objetivos claros.
- Las reuniones de trabajo son productivas.
- Me da estatus.
- Mientras no robe, sé que nunca seré despedido.
- Paga buenos salarios.
- Promueve la flexibilidad horaria.

Ficha técnica de la encuesta

Al Grupo Humano desarrolló la encuesta online anónima conformada por preguntas cerradas. La población representada en la muestra estaba constituida por 350 casos, todos eran personas mayores de 18 años que trabajaban en relación de dependencia en Argentina.

La encuesta estuvo disponible para ser completada durante los meses de septiembre y octubre de 2015. La base de datos generada automáticamente facilitó el análisis estadístico, y el diseño de gráficos permitió mostrar con mayor claridad los datos obtenidos y la generación de conclusiones. El análisis estadístico se basó en tablas de contingencia y se utilizó el test Chi cuadrado.

SEXO

53% MUJER

47% VARÓN

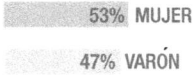

DIVERSIDAD GENERACIONAL

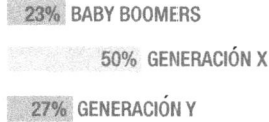

23% BABY BOOMERS

50% GENERACIÓN X

27% GENERACIÓN Y

Son considerados Baby Boomers los nacidos hasta 1964,
Generación X quienes lo han hecho entre 1965 y 1980,
Generación Y los nacidos a partir de 1981.

LA EMPRESA EN LA CUAL TRABAJO ES:

10% ESTATAL

24% PRIVADA GRANDE DE CAPITALES EXTRANJEROS

35% PRIVADA GRANDE DE CAPITALES NACIONALES

31% PYME

NIVEL DE RESPONSABILIDAD

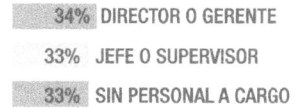

34% DIRECTOR O GERENTE

33% JEFE O SUPERVISOR

33% SIN PERSONAL A CARGO

Gráfico 1. Base de la investigación cuantitativa sobre 350 casos,
realizada por Al Grupo Humano.

Calificación de los colaboradores de la Marca Empleador

Al examinar los resultados según las características generacionales, de género, nivel jerárquico o tipo de empresa, pero sin segmentación alguna basada en las proposiciones cuyo listado ya compartimos, podemos concluir que:

- El 75% (3 de cada 4 personas) evalúa positivamente la Marca Empleador de la empresa en que trabaja.
- Los varones evalúan más positivamente a su empleador que las mujeres.
- Cuanto mayores son la edad y el nivel jerárquico del participante, aumenta la recomendación.
- Las pymes son las menos recomendadas, seguidas de las empresas grandes de capitales nacionales.

Veamos los porcentajes de participantes que contestaron afirmativamente a la pregunta: *¿Alentaría a un amigo a postularse para trabajar en la empresa en la que usted lo hace?* Se trata exclusivamente de las respuestas a esa pregunta, sin combinarla con ninguna de las proposiciones que describen a la empresa.

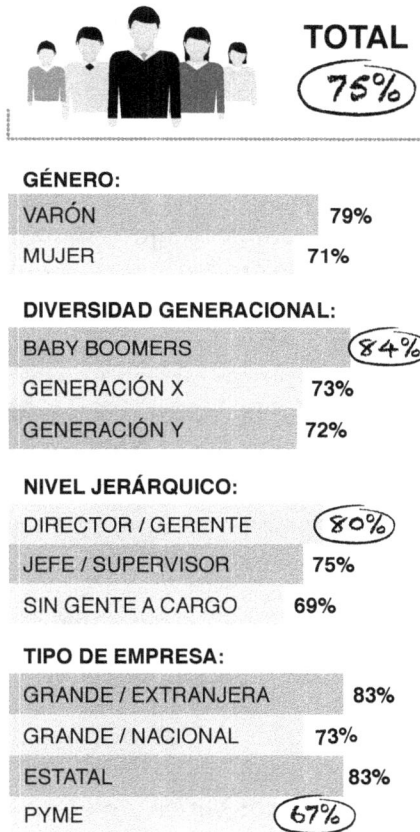

TOTAL
75%

GÉNERO:

VARÓN	79%
MUJER	71%

DIVERSIDAD GENERACIONAL:

BABY BOOMERS	84%
GENERACIÓN X	73%
GENERACIÓN Y	72%

NIVEL JERÁRQUICO:

DIRECTOR / GERENTE	80%
JEFE / SUPERVISOR	75%
SIN GENTE A CARGO	69%

TIPO DE EMPRESA:

GRANDE / EXTRANJERA	83%
GRANDE / NACIONAL	73%
ESTATAL	83%
PYME	67%

Gráfico 2. Aquellos que alentarían a un amigo a ingresar en su organización.
Fuente: AI Grupo Humano.

Lo dicho: solo los varones, los Baby boomers, los gerentes o directores y quienes trabajan en empresas grandes de capitales extranjeros o en empresas estatales están por encima del promedio general. Por ende, ellas son quienes mejor publicitan la Marca Empleador de la empresa en la que trabajan.

Jefes y supervisores coinciden exactamente con el promedio general.

Las mujeres, los integrantes de las Generaciones X e Y y quienes trabajan en empresas grandes de capitales nacionales puntúan por debajo del promedio.

Finalmente, las personas que no tienen gente a cargo y aquellas que trabajan en pymes son quienes peor han calificado a sus respectivos empleadores.

Si asumimos que las personas han volcado su sentir en la encuesta, en ella se refleja de qué manera hablan de su organización a su entorno más íntimo, y encontramos que hay bastante que trabajar dentro de las organizaciones para adecuar la relación que cada una de ellas propone a sus colaboradores y la forma en que tal propuesta es comunicada. También, la forma en que las empresas pueden abrirse para escuchar las opiniones y necesidades de sus empleados e implementar cambios. La Marca Empleador se construye sobre la base de lo que la empresa comunica y hace, no solo de lo que comunica.

¿Qué valores construyen la Marca Empleador?

A continuación del análisis de las respuestas según las características de las personas y sus cargos, pasamos a estudiarlas considerando la incidencia de cómo describen a la empresa en que se desempeñan.

He aquí las conclusiones:

> ☞ *Más del 90% recomienda a su empleador porque la empresa brinda oportunidades de crecimiento a quienes se esfuerzan, la Dirección tiene objetivos claros y siente orgullo del proyecto al que contribuye.*

Entonces, cuando están presentes estas características en la organización, no solo se dan los niveles de recomendación más elevados sino también las mayores diferencias porcentuales, mientras que es menor el grado de recomendación cuando están ausentes, lo que pone en evidencia la relevancia de dichas características al momento de tomar la decisión de hacer una recomendación o de no hacerla.

Veámoslo en números:

La columna SÍ muestra el porcentaje de empleados que recomendarían su empresa para trabajar cuando la respuesta a cada una de las preguntas es afirmativa.

La columna NO, por el contrario, muestra cuántos de los consultados alentarían a un amigo a trabajar en la empresa en la que ellos lo hacen, cuando respondieron negativamente a cada una de las preguntas.

¿Alentaría a un amigo a postularse para trabajar en la empresa en la que usted lo hace?

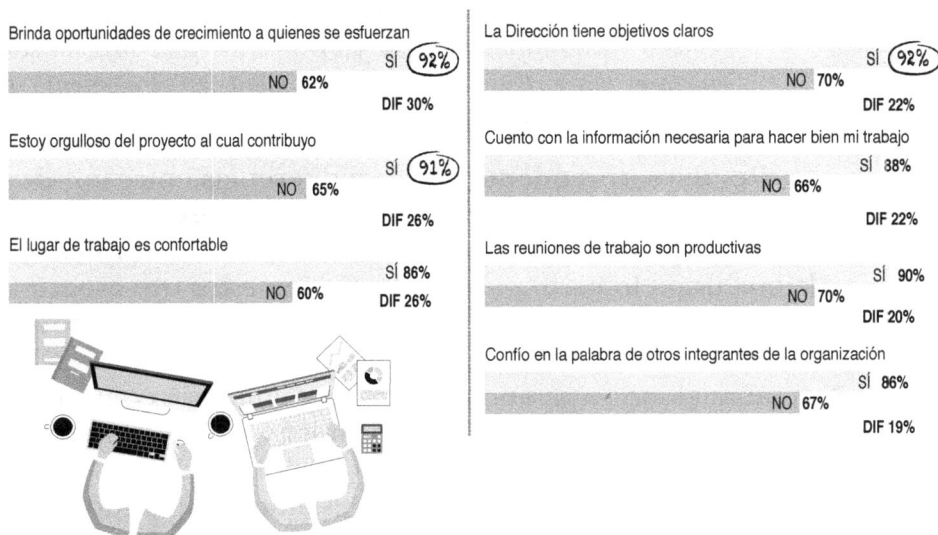

Brinda oportunidades de crecimiento a quienes se esfuerzan
SÍ 92%
NO 62%
DIF 30%

Estoy orgulloso del proyecto al cual contribuyo
SÍ 91%
NO 65%
DIF 26%

El lugar de trabajo es confortable
SÍ 86%
NO 60%
DIF 26%

La Dirección tiene objetivos claros
SÍ 92%
NO 70%
DIF 22%

Cuento con la información necesaria para hacer bien mi trabajo
SÍ 88%
NO 66%
DIF 22%

Las reuniones de trabajo son productivas
SÍ 90%
NO 70%
DIF 20%

Confío en la palabra de otros integrantes de la organización
SÍ 86%
NO 67%
DIF 19%

Gráfico 3. Factores del empleador más influyentes en la Marca Empleador.

Estos aspectos, hasta el que nos resultó más sorprendente como el relativo a que el lugar de trabajo fuera confortable, muestran el grado de sensibilidad que existe ante estas variables a la hora de evaluar la Marca Empleador de la empresa en la que se trabaja.

Todas ellas superan ampliamente el 75% de recomendación de la muestra total cuando la empresa posee estos atributos considerados positivos, y cae sensiblemente cuando carece de ellos. Entendemos que cuanto más es la diferencia entre cada par de porcentajes, mayor es la importancia de la característica en cuestión a la hora de influir en el concepto que los empleados tienen de sus empleadores. Así como lo evalúen, así lo comunicarán fuera de la organización, ya sea de manera más tácita o más explícita.

Veamos el resultado de otras variables, tales como buenos salarios, estatus o flexibilidad horaria.

☞ *El prestigio que pueda dar una empresa no impacta en la evaluación que hace un empleado a la hora de recomendarla a un amigo para que trabaje allí. Lo mismo ocurre con la flexibilidad horaria y los buenos salarios; no son factores que influyan significativamente en el momento de hacer una recomendación.*

Resulta sorprendente la escasa diferencia entre los niveles de respuestas afirmativas y negativas a la pregunta ¿Alentaría a un amigo a postularse para trabajar en la empresa en la que usted lo hace? cuando participan estos tres aspectos, especialmente cuando comparamos si el pago de buenos salarios o la flexibilidad horaria están o no presentes en las organizaciones, a pesar de que muchas empresas concentran buena parte de su estrategia para atraer y retener empleados en acciones dirigidas a estas características.

Cabe aquí preguntarnos si no estamos aceptando como ciertas determinadas preferencias de las personas y qué participación les atribuimos a la hora de definir estrategias, programas y procesos. Abrir el diálogo con disposición a escuchar es el mejor comienzo para un programa de comunicación interna y para implementar cualquier mejora en el clima interno y, como consecuencia inmediata, perfeccionar nuestra Marca Empleador. No olvidemos que los beneficios son tales, cuando los colaboradores los valoran positivamente. Cuando la valoración positiva no existe, estaremos malgastando esfuerzo y dinero.

¿Alentaría a un amigo a postularse para trabajar en la empresa en la que usted lo hace?

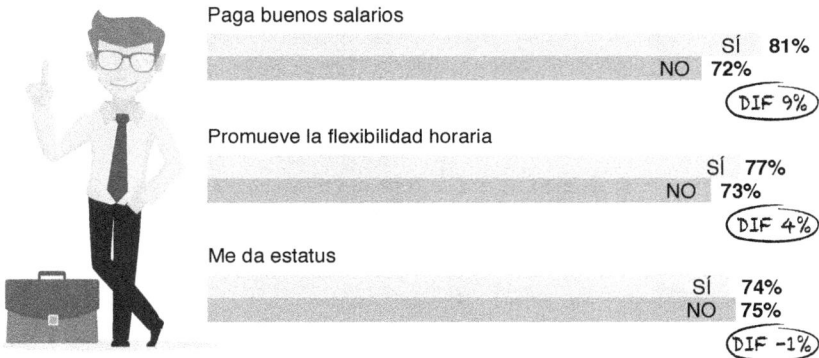

Paga buenos salarios

SÍ **81%**
NO **72%**
DIF 9%

Promueve la flexibilidad horaria

SÍ **77%**
NO **73%**
DIF 4%

Me da estatus

SÍ **74%**
NO **75%**
DIF −1%

Gráfico 4. Factores de bajo impacto.
Fuente: Al Grupo Humano.

Veamos ahora aspectos vinculados al mérito:

ⅎ *La meritocracia es valorada por los colaboradores en nuestras organizaciones. Las personas quieren ser reconocidas por el resultado de sus acciones y no ser consideradas iguales a aquellos que no responden del mismo modo en su desempeño.*

Encontramos que el porcentaje más bajo de recomendación (58%) se da cuando el empleado dice que en la empresa donde trabaja la honestidad es el único requisito para permanecer; es decir, cuando afirma: "Mientras no robe, sé que nunca seré despedido".

Estas respuestas son altamente congruentes con la baja valoración del estatus y la altísima incidencia del orgullo por el proyecto o de la posibilidad de prosperar basada en el esfuerzo y el desempeño; resultan su contracara.

Veamos la incidencia relativa de este factor:

¿Alentaría a un amigo a postularse para trabajar en la empresa en la que usted lo hace?

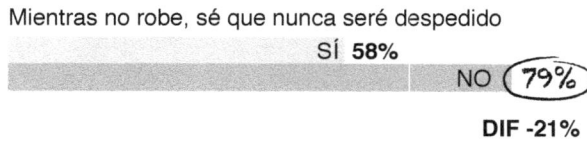

Mientras no robe, sé que nunca seré despedido

SÍ **58%**

NO (**79%**)

DIF -21%

Gráfico 5. Impacto de la meritocracia.
Fuente: Al Grupo Humano.

Los Millennials y sus empleadores

Analizando la incidencia de distintos factores según la generación a la que pertenezcan las personas, surgen con un énfasis aún mayor las cuestiones relativas al mérito y a las oportunidades.

> ⤷ *La Generación Y es la menos proclive a recomendar la empresa en la cual trabaja y, al mismo tiempo, la más exigente a la hora de valorar los aspectos que hacen a la meritocracia.*

Ninguna característica de una empresa recibe una valoración tan extrema por parte de las otras generaciones como la meritocracia, ya sea tanto positiva como negativa. Tampoco presentan diferencias tan marcadas en el grado de recomendación según se le reconozca o no a la empresa este valor.

Esto es lo que responden los nacidos a partir de 1981 cuando se les pregunta: ¿Alentaría a un amigo a postularse para trabajar en la empresa en la que usted lo hace?, con respecto a estas características.

Brinda oportunidades de crecimiento a quienes se esfuerzan

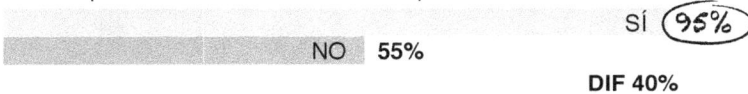

SÍ (95%)

NO 55%

DIF 40%

Mientras no robe, sé que nunca seré despedido

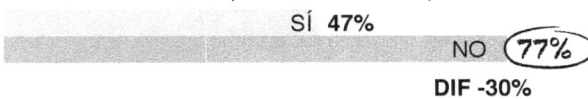

SÍ 47%

NO (77%)

DIF -30%

Gráfico 6. Incidencia de la meritocracia en la Generación Y.
Fuente: Al Grupo Humano.

☞ *Los colaboradores más jóvenes valoran que el trabajo sea algo más que un medio de vida; aprecian fuertemente el sentirse orgullosos del proyecto al cual contribuyen.*

Las Generaciones X e Y penalizan con dureza a sus empleadores y disminuyen radicalmente el grado de recomendación cuando no sienten orgullo por el proyecto al que contribuyen. En cambio, los Baby boomers no muestran sentirse afectados con la misma intensidad por este mismo tema.

Nótese que las diferencias porcentuales son mayores cuando no existe este orgullo que cuando está presente.

¿Alentaría a un amigo a postularse para trabajar en la empresa en la que usted lo hace?

Estoy orgulloso del proyecto al cual contribuyo - Baby boomers

SÍ **87%**

NO **82%**

DIF 5%

Estoy orgulloso del proyecto al cual contribuyo - Generación X

SÍ **92%**

NO **57%**

DIF 35%

Estoy orgulloso del proyecto al cual contribuyo - Generación Y

SÍ **93%**

NO **63%**

DIF 30%

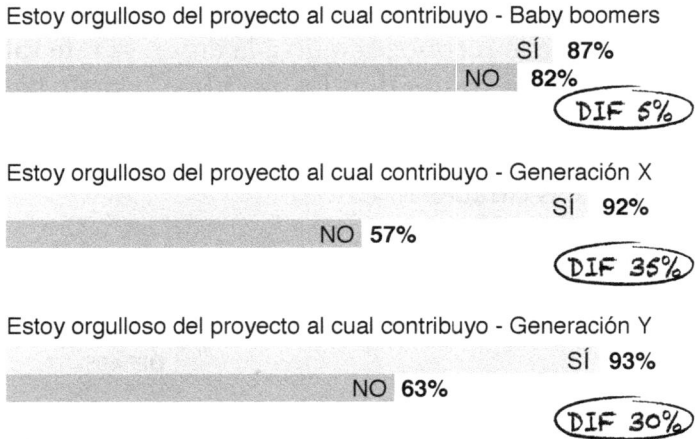

Gráfico 7. Incidencia del factor proyecto laboral para las distintas generaciones.

Estas diferencias indican la necesidad de tener en cuenta los valores de nuestros colaboradores, así como las modificaciones en los paradigmas que, por una simple cuestión biológica, han venido para quedarse. Comprender a todos implica adecuarnos, comunicarnos de manera diferente y construir relaciones también distintas con unos y con otros. Lo que a otra generación le hacía hablar bien de la empresa en la que trabajaba, a los más jóvenes les hace hablar mal.

Puntos clave para la consolidación de la Marca Empleador

Los datos arrojados por la investigación permiten vislumbrar una clara diferencia entre medios y fines. Los valores culturales positivos, como la escucha, la comunicación y las reglas de juego claras, generan unos 20 puntos porcentuales de diferencia en los grados de recomendación a favor de las empresas cuando ellos están presentes. Se trata de valores deseados y ambicionados por las personas en cualquier actividad.

Sin embargo, las mayores diferencias se notan en las emociones y en la orientación, en lo que impacta directamente en el proyecto de vida de nuestra gente. Más del 90% de los consultados recomienda a un amigo que trabaje donde él/ella lo hace cuando siente orgullo por el trabajo que desarrolla y cuando la Dirección de la empresa tiene un rumbo claro que le permite prosperar en base al esfuerzo. Por idealismo, porque recién empiezan ese largo camino y porque siempre y en todas las épocas resultan agentes insustituibles del cambio, las generaciones más jóvenes son las que premian o castigan con mayor intensidad la presencia o ausencia de estos aspectos en su vida laboral. El aporte novedoso de la Generación Y ha sido la ruptura de paradigmas que los mayores no cuestionaban, y que recién han comenzado a debatir cuando percibieron que tales rebeldías a los jóvenes les eran respetadas.

↬ *Los valores culturales positivos, como la escucha, la comunicación y las reglas de juego claras, generan unos 20 puntos porcentuales de diferencia en los grados de recomendación a favor de las empresas donde ellos están presentes.*

En sentido opuesto, cuando la oferta se basa en la obtención de estatus o la estabilidad no se apoya en el desempeño, las personas son más refractarias a recomendar la empresa a un amigo, lo que tácitamente implica una valoración negativa de la Marca Empleador.

Asimismo, políticas aparentemente tan demandadas como la flexibilidad horaria o los buenos salarios no son tan definitorias al momento de recomendar la organización a una persona que nos importa.

Debemos prestar atención a los niveles generales de beneplácito para con el empleador, ya que disminuyen cuanto menores son el nivel jerárquico y la edad, y en las mujeres en comparación con los varones. Quienes hoy están en las posiciones inferiores son quienes están llamados a crecer en las organizaciones, de acuerdo con todas las tendencias sociales.

> *Políticas aparentemente tan demandadas como la flexibilidad horaria o los buenos salarios no son tan definitorias al momento de recomendar la organización a una persona que nos importa.*

Entre los diferentes tipos de empresa, las pymes han salido altamente desfavorecidas, por lo que entendemos que deberían focalizarse más en reforzar las características más valoradas por la gente, aunque también hay un llamado de atención para las empresas grandes de capitales nacionales.

El sentimiento que implica recomendar la organización donde uno trabaja a un amigo, nos muestra un empleado orgulloso y comprometido con los objetivos de su organización. Y eso es, justamente, lo que promueve y facilita que el colaborador brinde lo mejor de sí en cada decisión a la cual se ve enfrentado por los negocios, y alcance así un alto desempeño en el cumplimiento de sus responsabilidades.

No olvidemos que todo lo que nuestra gente siente respecto de su trabajo es lo que de una u otra manera le hemos hecho conocer. A veces con palabras, pero siempre con hechos. Si bien las palabras sintetizan nuestras conductas, intenciones y propuestas, cuando existe alguna contradicción las acciones priman por sobre las palabras. En síntesis: conviene no perder de vista que aun cuando creamos que no lo estamos haciendo siempre comunicamos. Y es esa comunicación mixta y complementaria de hechos y palabras la que sentará las bases para construir una Marca Empleador "aspiracional" que sea fuerte y respetada en el mercado laboral.

CAPÍTULO III

EFICACIA DE LOS DIVERSOS MEDIOS DE COMUNICACIÓN INTERNA

¿Cuándo decimos que la comunicación interna es eficaz?

Los parámetros pueden ser diversos pero creo que todos podríamos estar de acuerdo en que una comunicación es eficaz cuando logra su objetivo. Este puede ser simplemente comunicar y que alguien se entere y comprenda un mensaje definido, o también lograr que el receptor realice una acción o tome una decisión que impactará en el objetivo planteado. Para nosotros una comunicación es eficaz cuando cumple la meta para la cual fue generada, sea esta la que fuera, definida en todos los casos por el emisor.

Lo interesante es que alguien define un objetivo, en este caso un emisor, pero solo el accionar del receptor permite evaluar si se cumple o no el fin establecido. Cuando tenemos evidencia de que el otro entendió nuestro mensaje o de que finalmente tomó la acción que deseábamos, podemos hablar de una comunicación eficaz. Uno puede creer haber sido muy claro y concreto, como suele pasar en la mayoría de los casos, pero luego será el accionar del otro lo que nos evidenciará el grado de eficacia de nuestro hacer. Y la comunicación interna no escapa a estas normas.

Podemos tener diversos objetivos al plantearnos una comunicación interna: motivar a los empleados, dar a conocer una novedad del negocio, compartir conocimiento sobre un tema específico, construir una cultura organizacional amigable mediante mensajes de nuevos ingresos o nacimientos, generar *engagement* brindando beneficios específicos, entre muchos otros. Cada mensaje puede tener su objetivo propio, pero todas las comunicaciones internas tienen un objetivo común: que nuestros empleados nos sigan eligiendo como empresa empleadora y promuevan el acercamiento de talentos hacia ella (en el Capítulo IV detallaremos los descubrimientos de nuestra investigación sobre este punto).

Ya contamos con un emisor, un mensaje definido, un objetivo que queremos alcanzar con nuestra comunicación, y ahora nos resta definir los medios a utilizar en nuestro desafío. Si algo se ha multiplicado, y como consecuencia se ha hecho más compleja su elección, son los medios de comunicación. Este fenómeno ocurre en la comunicación en general, y la desarrollada dentro de las organizaciones está teñida por el mismo efecto.

Como ya comentamos en el Capítulo II, nuestra consultora, Al Grupo Humano, se propuso investigar cuáles son los diversos medios de la comunicación interna que contribuyen a alcanzar los objetivos planteados. Para ello diseñó una encuesta online anónima de preguntas cerradas. La población representada en la muestra estaba constituida por 350 casos, todos eran personas mayores de 18 años que trabajaban en relación de dependencia en Argentina.

La encuesta estuvo disponible para ser completada durante los meses de septiembre y octubre de 2015 y se segmentaba por edad, sexo, nivel jerárquico y tipo de empresa en la cual se desempeñaba el colaborador que respondía. La base de datos generada automáticamente permitió realizar el análisis estadístico, el diseño de gráficos que nos facilita mostrar con mayor claridad los resultados obtenidos y generar conclusiones. El análisis estadístico se basó en tablas de contingencia y se utilizó el test Chi cuadrado.

SEXO

53% MUJER

47% VARÓN

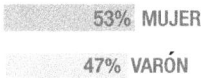

DIVERSIDAD GENERACIONAL

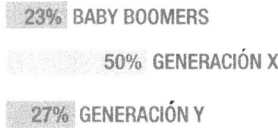

23% BABY BOOMERS

50% GENERACIÓN X

27% GENERACIÓN Y

Son considerados Baby oomers los nacidos hasta 1964,
Generación X quienes lo han hecho entre 1965 y 1980,
Generación Y los nacidos a partir de 1981.

LA EMPRESA EN LA CUAL TRABAJO ES:

10% ESTATAL

24% PRIVADA GRANDE DE CAPITALES EXTRANJEROS

35% PRIVADA GRANDE DE CAPITALES NACIONALES

31% PYME

NIVEL DE RESPONSABILIDAD

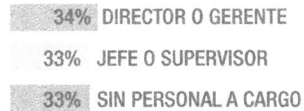

34% DIRECTOR O GERENTE

33% JEFE O SUPERVISOR

33% SIN PERSONAL A CARGO

Gráfico 1. Base de la investigación cuantitativa sobre 350 casos,
realizada por Al Grupo Humano.

Los participantes respondieron sobre dieciséis medios enunciados en el siguiente orden al momento de presentar la pregunta, a saber:

Intranet corporativa ☑
Correo electrónico ☑
Feedback ☑
Eventos en el comedor / Happy Hour ☑
Conversaciones cara a cara con su jefe ☑
Carteleras ☑
Chat ☑
Aplicaciones de celular ☑
Videos en pantalla en espacios comunes ☑
Folletos ☑
Newsletter digital ☑
Video en su computadora ☑
Twitter ☑
Instagram ☑
Facebook ☑
House Organ Institucional ☑

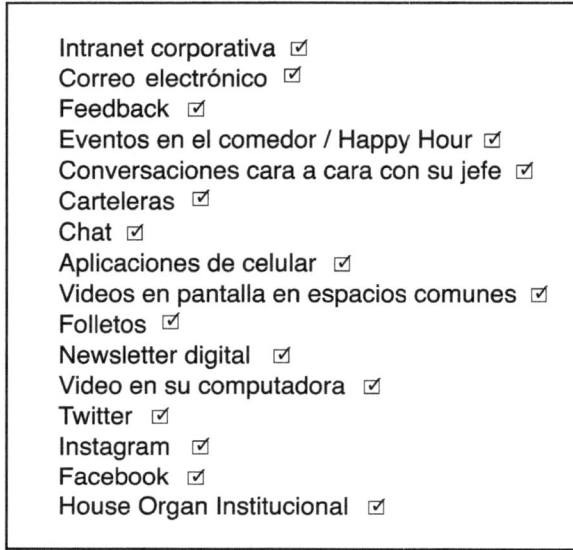

Gráfico 2. Listado de medios consultados
en la encuesta de Al Grupo Humano.

Valoración de las comunicaciones en las organizaciones

Comenzamos por consultarles a los encuestados acerca de la imagen que tienen de las comunicaciones internas en sus organizaciones:

- ¿Cree que una mejora en las comunicaciones interpersonales en la organización redunda en mejores resultados para el negocio en el largo plazo?
- La organización para la que trabaja, ¿se comunica eficazmente con usted?
- ¿Confía en la comunicación interna que recibe de su organización?

La gran mayoría (95%) cree que una mejora en las comunicaciones internas redunda en mejores resultados para el negocio en el largo plazo, y esta calificación no varía al analizar las respuestas por diversidad generacional, sexo, nivel jerárquico, ni tipo de empresa. Sin embargo, todo parece indicar que las organizaciones no trabajan en este sentido, ya que solo casi la mitad de los colaboradores (47%) sostiene que su organización se comunica de forma eficaz, y una proporción similar (53%) confía en la comunicación interna que reciben.

	Sí	No	No lo sabe	Total
¿Cree que una mejora en las comunicaciones interpersonales en la organización redunda en mejores resultados para el negocio en el largo plazo?	95%	2%	3%	100%
La organización para la que trabaja, ¿se comunica eficazmente con usted?	47%	53%	0%	100%
¿Confía en la comunicación interna que recibe de su organización?	53%	32%	15%	100%

Gráfico 3: Respuestas sobre base total.
Fuente: AI Grupo Humano.

La credibilidad en la comunicación se basa en la confianza que tenemos en los mensajes que recibimos, valor que se construye gracias a la coherencia entre la información que emitimos y nuestros actos, así como en la permanencia en el tiempo de esa conducta. Solamente a través de la integración entre el decir y el hacer, junto con la repetición de esa conducta a través del tiempo, es que logramos ser confiables. Es importante recordar que la confianza requiere mucho tiempo para construirse pero poco para perderla. Si como líderes responsables de construir cultura organizacional no cuidamos el valor de nuestra palabra y su coherencia con nuestros actos, no podemos responsabilizar luego al titular de RRHH por no implementar un plan de comunicaciones internas eficaz. Todos somos responsables de esa construcción en nuestro día a día.

> ∽ *El 95% de los colaboradores cree que una mejora en la comunicación interna redunda en mejores resultados del negocio.*
> ∽ *Tenemos una oportunidad de mejora en este sentido, ya que solo el 47% de los encuestados sostiene que su organización se comunica eficazmente.*

Al comparar los diversos clusters, podemos inferir que los más jóvenes y las mujeres son los más exigentes al momento de evaluar la comunicación interna. Al preguntarles sobre el grado de eficacia de las comunicaciones que reciben, los Baby boomers y los varones las califican mejor. Asimismo, se destaca que cuanto más se crece jerárquicamente en la organización, también se tiende a apreciar más favorablemente las comunicaciones internas. No es casual esta percepción, ya que cuando más involucrado se está en una tarea es más fácil caer en la trampa de sobreestimarla. A mayor autoridad, mayor participación y responsabilidad en las comunicaciones internas de la organización. Considerando el tipo de organización, las empresas grandes de capitales extranjeros están mejor evaluadas, polarizando en calificación con las empresas grandes de origen nacional.

Entre quienes respondieron que la organización para la cual trabajan se comunica de forma eficaz, el 92% alentaría a un amigo a postularse para trabajar en su misma empresa. Al igual que, entre aquellos que sí confían en la comunicación que reciben en sus organizaciones, el 90% haría la misma recomendación a un amigo. Estos datos, ambos resultados con interpretación estadística significativa, nos alientan a concluir que la comunicación eficaz y confiable en las organizaciones abona el sentimiento de pertenencia y construye la Marca Empleador que buscamos consolidar en nuestros colaboradores.

La organización para la que trabaja,
¿se comunica eficazmente con usted?

	Sí	No
Baby boomers	54%	46%
Generación X	44%	56%
Generación Y	47%	53%
Varón	43%	57%
Mujer	52%	48%
Director o Gerente	50%	50%
Jefe o Supervisor	49%	51%
Empleado sin gente a cargo	42%	58%
Estatal	51%	49%
Grande, de capitales extranjeros	57%	43%
Grande, de capitales nacionales	39%	61%
Pyme	48%	52%

Gráfico 4. Respuestas sobre la base total.
Fuente: Al Grupo Humano.

☞ *La comunicación interna eficaz abona la construcción de la Marca Empleador de la organización, destacándose las mujeres y los más jóvenes como los más exigentes a la hora de evaluarlas.*

Brecha entre los medios valorados y aquellos efectivamente utilizados

Detallamos los 16 medios enunciados anteriormente y les preguntamos a los colaboradores en relación de dependencia:

- ¿Cuáles de estos medios considera usted eficaces para que una organización se comunique con sus miembros?
- ¿Cuáles son los medios a través de los cuales recibe habitualmente comunicaciones internas *en su organización*?

Analizando la totalidad de las respuestas, los medios considerados eficaces, al menos por la mitad de los encuestados, fueron solo cuatro, a saber:

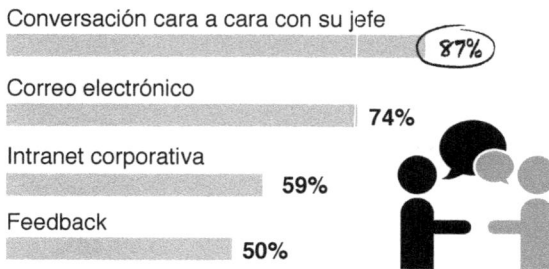

Conversación cara a cara con su jefe
87%

Correo electrónico
74%

Intranet corporativa
59%

Feedback
50%

Gráfico 5. Medios considerados más eficaces.
Fuente: Al Grupo Humano.

Las conversaciones cara a cara con su jefe alcanzan el peso más relevante entre todos los medios consultados, calificado como eficaz por casi el 90% de los encuestados, lo que a su vez muestra la alta relevancia que tiene el contacto interpersonal presencial entre los empleados de una organización.

Mientras que los medios reconocidos como habitualmente utilizados por al menos la mitad de los consultados fueron solo dos:

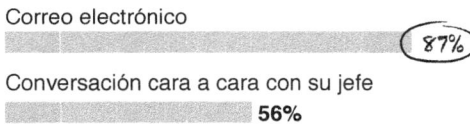

Correo electrónico
87%

Conversación cara a cara con su jefe
56%

Gráfico 6. Medios reconocidos como más habituales.
Fuente: Al Grupo Humano

☞ *Las conversaciones cara a cara con su jefe son el medio de comunicación interna mejor evaluado, calificado como eficaz por casi el 90% de los encuestados.*

Los avances tecnológicos nos permiten llegar más rápido, inmediatamente, con cualquier contenido. Los mensajes masivos permiten la comunicación de novedades a toda la organización en minutos y son un medio eficiente para lo que atañe a todos. Sin embargo, la preferencia manifiesta de las personas por la comunicación cara a cara nos muestra la importancia de la comunicación no verbal en las comunicaciones, ya que es el único medio que nos permite registrar la comunicación oral y gestual (recordemos los descubrimientos de Albert Mehrabian mencionados en el Capítulo I), de los detallados en nuestra encuesta. Las conversaciones cara a cara con su jefe son reconocidas como utilizadas como medio de comunicación interna solo por el 56%, mientras que el mismo medio es evaluado como eficaz por el 87% de los colaboradores. Tenemos aquí una oportunidad de incrementar el uso de este camino con el fin de ser más efectivos en nuestras comunicaciones.

Cabe destacar que cuando profundizamos el análisis de las respuestas por diversidad generacional, los Millennials evalúan la conversación cara a cara con su jefe como medio de comunicación eficaz en mayor medida que el resto de los colaboradores de la organización, a saber: los Millennials lo hacen en un 92%, Generación X en un 84%, y de manera similar, los Baby boomers con un 86%.

> ☞ *La brecha entre la mayor valoración de la* conversación cara a cara con su jefe *(87%) y el porcentaje que declara utilizarlo más habitualmente (56%), nos muestra la oportunidad de incrementar el uso de este medio con el fin de ser más efectivos en nuestras comunicaciones dentro de las organizaciones.*

El ocaso del correo electrónico

El correo electrónico es el medio declarado como más utilizado dentro de las alternativas relevadas, con casi el 90% de participación. Queremos poner un zoom en el medio de comunicación más generalizado en las organizaciones.

Si bien el Blackberry es una tecnología con una tendencia claramente declinante (alcanzando en Argentina el 1,8% de participación según Kantal Wordpanel, abril 2015), no podemos dejar de reconocer que fue un símbolo de la conexión permanente de los empleados fuera de la oficina. Pasamos en nuestro trabajo aproximadamente el 50% de las horas que vivimos despiertos los días laborales. Si sumamos el tiempo en que nuestros smartphones nos mantienen alerta o solo porque algún tema nos preocupa y continuamos enganchados, este porcentaje asciende de forma considerable.

Esto nos lleva a mantener una relación de amor-odio con los mails. Por otra parte, de considerarnos reconocidos como colaboradores cuando nos entregaban un smartphone corporativo, lo que nos permitía estar online 24x7, pasamos a considerarlo invasivo y necesitar ponerle un límite.

Según un informe de The Radicati Group, marzo 2015[1], recibimos y enviamos un promedio de 112 mails por día relacionados con temas laborales, más unos 93 por otros asuntos, alcanzando unos 205 mails diarios. Más aún, la proyección que el mismo estudio nos muestra es una tendencia creciente que llegaría a unos 246 mails diarios en 2019. Aproximadamente un tercio de ellos son enviados y dos tercios recibidos.

Si intentamos representar el tiempo que nos insume el correo electrónico en nuestra jornada de trabajo, podemos decir que cerca de un 23% del tiempo del día laboral lo pasamos en leer o escribir mails[2]. Si a esto le sumamos las reuniones de trabajo, que tanto tiempo nos demandan y muchas veces improductivamente, ¿estamos utilizando de manera eficiente nuestro tiempo productivo? Solemos poner indicadores de gestión para los resultados del negocio pero quizá sea el momento de detenernos y diseñar sistemas para mensurar cómo utilizamos nuestro tiempo laboral.

Empresas como Volkswagen, en Alemania, han sido pioneras en escuchar a sus empleados en este sentido, y desde 2011 impusieron a parte de sus empleados un bloqueo al acceso al correo en sus móviles fuera de la jornada laboral.

El CEO de Atos Origin, Thierry Breton, empresa con 70.000 empleados en más de 40 oficinas alrededor del mundo, anunció en febrero del 2011 su objetivo de llegar en tres

---

1. The Radicati Group. Email Statistics Report, 2015-2019. Recuperado de http://www.radicati.com/?p=12960
2. Burkus, D.: "Some Companies Are Banning Email and Getting More Done". *Harvard Business Review,* Junio de 2016

años a *zero-email*. En la actualidad, si bien no llegaron a anular los mails en forma total, consiguieron reducir su uso en un 60%, logrando una baja en los costos administrativos de entre el 13 y el 10%, y un incremento en el margen operativo de entre el 6,5 al 7,5% en 2013. Claro está que no solo la disminución del uso de los mails es la razón del incremento de los resultados, pero la correlación es significativa.[3]

> ↪ *De considerarnos reconocidos como colaboradores cuando nos entregaban un smartphone corporativo, lo que nos permitía estar online 24x7, pasamos a considerarlo invasivo y a necesitar ponerle un límite.*

En enero de 2017 Francia estableció en su código laboral el derecho a la desconexión. La nueva reforma laboral prevé que cada empresa con más de 50 empleados deberá abrir negociaciones entre las diferentes partes para llegar a un acuerdo en función de sus propias necesidades. A cada empresa le corresponde encontrar su solución a medida para lograr la desconexión.

Otro punto a considerar en la administración de los mails es su forma de archivo o clasificación. Hay quienes ya aconsejan abandonar el tradicional etiquetado de los correos electrónicos por temas y pasar a tener solo cinco carpetas segmentándolos según la urgencia que tenga su resolución.[4]

Reconocemos que la tendencia corporativa se encamina a minimizar o hasta eliminar el uso del correo electrónico. Sin embargo, el 74% de los colaboradores lo considera un medio de comunicación interna eficaz, alcanzando el segundo lugar en el ranking consultado. Ya sea por costumbre o por sus resultados, lo calificamos de una manera, pero en la práctica tendemos a usarlo de otra.

---

3. Burkus, D.: *Ibidem.*
4. Hanlon, Z.: "The Only Five Email Folders Your Inbox Will Ever Need", Enero de 2017.

Comparativo de la totalidad de los medios consultados

Analicemos ahora las respuestas a las dos líneas de preguntas realizadas sobre la totalidad de los medios consultados.

- ¿Cuáles de estos medios considera usted eficaces para que una organización se comunique con sus miembros?, y
- ¿Cuáles son los medios a través de los cuales recibe habitualmente comunicaciones internas dentro de su organización?

Los resultados nos refuerzan el punto anterior: la importancia del contacto personal como medio de comunicación interna. Tanto el feedback, como los eventos en el comedor o los Happy Hour y la conversación cara a cara con su jefe, son los caminos que muestran mayor brecha entre su alta calificación y su bajo uso. Incluso aquellos de los que no esperábamos que fueran tomados como medios de información pura, como pueden ser los eventos o los Happy Hour, son considerados en igual medida que una cartelera, canal habitual y tradicional en la comunicación hacia los colaboradores.

La percepción de eficacia del feedback como medio de comunicación interna no muestra diferencias de resultados entre los colaboradores de diferentes sexos, mientras que sí existen en función de la jerarquía. A medida que se crece en posición, también asciende la evaluación de su eficacia como medio de comunicación interno. De este modo, encontramos que el 40% de los empleados sin gente a cargo considera el feedback como eficaz, al mismo tiempo que el 53% de los jefes y supervisores lo califica de igual modo, mientras que un 58% de los directores abonan la misma percepción.

Una mención aparte merece la baja percepción de eficacia con que se califican los folletos (9%), un medio tradicional y uno de los primeros en el camino de las comunicaciones internas. Las organizaciones parecen haberlo escuchado y su utilización también es escasa (8%).

	Considera eficaz	Recibe habitualmente
Intranet corporativa	59%	44%
Correo electrónico	74%	87%
Feedback	50%	17%
Eventos en el comedor / Happy Hour	35%	9%
Conversación cara a cara con su jefe	87%	56%
Carteleras	35%	30%
Chat	17%	10%
Aplicaciones de celular	15%	7%
Video en pantallas en espacios comunes	17%	8%
Folletos	9%	8%
Newsletter digital	27%	16%
Video en su computadora	13%	10%
Twitter	7%	1%
Instagram	4%	0%
Facebook	14%	4%
House Organ Institucional	11%	6%

Gráfico 7. Respuestas sobre base total.
Fuente: Al Grupo Humano.

Si ponemos el foco en los más jóvenes, la asimetría que observamos entre la percepción de eficacia y su uso habitual de los medios que implican un contacto personal es aún mayor, alcanzando en el feedback la diferencia más grande. El 61% de la Generación Y lo considera como medio de comunicación interna eficaz, mientras que solo el 21% declara recibirlo habitualmente. Las generaciones más jóvenes requieren retroalimentación frecuente de sus jefes, no por la jerarquía en sí de la posición, sino porque los reconocen como personas valoradas y tutoras de su desarrollo profesional. La autoridad no es un valor para la Generación Y, por lo cual desde las jinetas no seremos escuchados y como consecuencia no alcanzaremos la modificación de la oportunidad de mejora que podemos mostrar en un feedback. En cambio, desde el coaching y el acompañamiento generaremos la apertura necesaria para lograr los objetivos con nuestros colaboradores.

	Considera eficaz	Recibe habitualmente
Intranet corporativa	56%	39%
Correo electrónico	81%	84%
Feedback	61%	21%
Eventos en el comedor / Happy Hour	41%	12%
Conversación cara a cara con su jefe	92%	63%
Carteleras	43%	37%
Chat	23%	11%
Aplicaciones de celular	15%	4%
Video en pantallas en espacios comunes	17%	8%
Folletos	8%	11%
Newsletter digital	29%	18%
Video en su computadora	12%	8%
Twitter	9%	1%
Instagram	7%	1%
Facebook	17%	2%
House Organ Institucional	15%	6%

Gráfico 8. Respuestas de la Generación Y.
Fuente: Al Grupo Humano.

El tipo de organización en donde las personas trabajan también muestra diferencias interesantes.

Las empresas grandes de capitales extranjeros aplican la mayoría de los medios de comunicación interna consultados en mayor medida que el resto de las organizaciones. Así, encontramos el correo electrónico con un uso habitual del 93%, sobre un 74% que lo considera eficaz; o la intranet corporativa con una utilización del 73%, sobre un 59% de calificación efectiva. De la misma manera, es destacable el camino que tiene por recorrer este tipo de organización en materia de contacto personal, el cual *a priori* podemos interpretar que está a la vanguardia en comunicación interna por su vínculo con otros países. Encontramos en este sentido un camino aún pendiente de recorrer: las conversaciones cara a cara con su jefe alcanzan el 51% de uso, contra un 87% de calificación positiva; a su vez, el feedback cuenta con un 25% de uso, mientras que el 50% de los consultados lo evalúa como eficaz.

Por su parte, las pymes logran el mayor índice de uso al preguntar por las conversaciones cara a cara con su jefe, alcanzando un 64% de respuestas positivas; resultado esperable ya que la relación vincular es un factor diferenciador en este tipo de organizaciones. El paternalismo que podemos observar en las pymes suele materializarse en una presencia directa y frecuente del dueño con la gran mayoría de los colaboradores, a quien se lo reconoce como jefe cualesquiera sean las posiciones que ellos ocupen. Si analizamos el grado de uso del feedback en este tipo de organizaciones, podemos inferir que el contacto personal no implica una retroalimentación en pos del desarrollo del colaborador. La conversación cara a cara jefe-colaborador sucede, según el 64% de los consultados, pero no necesariamente representa que haya feedback, de acuerdo con lo respondido por el 17%.

	Estatal	Grande, capitales extranjeros	Grande, capitales nacionales	Pyme	Base total
		Recibe habitualmente			Considera eficaz
Intranet corporativa	49%	73%	48%	15%	59%
Correo	80%	93%	89%	82%	74%
Feedback	11%	25%	14%	17%	50%
Eventos en el comedor / Happy Hour	3%	12%	9%	8%	35%
Conversación cara a cara con su jefe	54%	51%	53%	64%	87%
Carteleras	20%	45%	35%	15%	35%
Chat	14%	12%	7%	12%	17%
Aplicaciones de celular	6%	7%	5%	8%	15%
Video en pantallas en espacios comunes	6%	23%	6%	0%	17%
Folletos	17%	10%	11%	1%	9%
Newsletter digital	9%	31%	18%	5%	27%
Video en su computadora	3%	30%	6%	0%	13%
Twitter	6%	1%	1%	0%	7%
Instagram	0%	1%	0%	0%	4%
Facebook	6%	7%	3%	3%	14%
House Organ Institucional	6%	13%	5%	3%	11%

Gráfico 9. Respuestas sobre la base total.
Fuente: Al Grupo Humano.

El desafío pendiente: las redes sociales

Llama al menos la atención la baja participación que tienen las redes sociales en los medios de comunicación interna en las organizaciones. Facebook alcanza escasamente al 14% de los colaboradores que lo reconocen como un medio de comunicación eficaz, mientras que Twitter apenas llega a un 7% e Instagram al 4%. Al preguntarles a los consultados en nuestra investigación por el uso habitual de los diversos medios de comunicación interna, ninguna red social alcanza el 5% de utilización. Estos datos también guardan relación con el bajo uso de las aplicaciones móviles, donde el valor más alto lo observamos en las pymes, en las cuales solo el 8% de sus colaboradores declara recibir comunicaciones internas a través de aplicaciones en su celular. Y aun en los más jóvenes, estos porcentajes tampoco cambian significativamente.

Los resultados de nuestra investigación no se compadecen con el hecho de ser la Argentina el país que tiene el mayor porcentaje de usuarios de Internet de América Latina (69,4%), y a su vez que prácticamente el 70% de ellos acceden a la red a través de sus celulares[5]. Asimismo, el 87% de internautas acceden al menos a una red social en nuestro país, mientras que el 98% declara usar Facebook, reconociéndolo como dominador del sector. Sin embargo, entre los más jóvenes, un 25% de los integrantes de la Generación Y manifiesta casi no tener actividad en Facebook, mostrando una tendencia hacia nuevas redes de afinidad tales como Whatsapp e Instagram. Si bien Whatsapp nació como un canal de mensajería instantánea, al sumar la función de armado de grupos es hoy un canal de comunicación masiva en todos los ámbitos, tanto personales como profesionales. Un 93% de los usuarios de Internet desde el móvil utilizan Whatsapp, y de estos un 68% participa de grupos. Twitter, por su parte, parece detenida con un 23% de usuarios que declaran usarla. Los usuarios de redes sociales no son fieles, ya que el 55% de ellos reconoce usar más de una, valor que asciende al 63% en el caso de la Generación Y[6].

5. CEPAL (Comisión Económica para América Latina y el Caribe): *Estado de la banda ancha en América Latina y el Caribe 2016*. Recuperado de http://www.cepal.org/es/publicaciones/estado-la-banda-ancha-america-latina-caribe-2016.

6. Carrier, E.: Facebook, amenazada. *Blog de Carrier y Asoc. Mayo 2015*. Recuperado de http://www.comentariosblog.com.ar/?s=facebook

Utilizar pobremente las aplicaciones móviles nos muestra una falta de adaptación a los cambios tecnológicos: el celular consume, de acuerdo con el último informe de Comscore, el 67% de nuestros minutos digitales, incluido el uso de móviles, computadoras y tablets[7]. Esto nos permite aseverar que lo que no pasa por nuestro celular no lo vemos.

	Baby boomers	Gen X	Gen Y
		Considera eficaz	
Facebook	9%	14%	17%
Twitter	4%	6%	9%
Instagram	4%	2%	7%

Gráfico 10: Percepción de las redes sociales.
Fuente: Al Grupo Humano.

Por todo lo emergente surgido en esta investigación, ¿podríamos inferir que todavía en las empresas las redes sociales están siendo percibidas no como una oportunidad de comunicación, sino como una pérdida de tiempo o una distracción para sus colaboradores? El entender y adaptarnos a los cambios nos brindará la diferencia en los negocios. Si comprendemos que la Marca Empleador se construye sólidamente a través de la comunicación interna en nuestras organizaciones, necesitamos aprender, adaptarnos de forma rápida a los avances y cambios que la tecnología nos ofrece. Como dijo Klaus Schwab, fundador y presidente del World Economic Forum, en su discurso de apertura en 2015: "Ya no es el pez grande el que se come al chico, sino que es el rápido el que se come al lento".

---

7.   Comscore. Digital Future in Focus LATAM 2016. Recuperado de http://www.comscore.com/Insights/Presentations-and-Whitepapers/2016/Future-in-Focus-and-Cross-Media-Insights-for-Latin-America

CAPÍTULO IV

LA COHERENCIA ENTRE EL *HACER* Y EL *DECIR* COMO PILAR DE LA MARCA EMPLEADOR

De dónde partimos

Integrada, inclusiva, motivadora, personalizada… La comunicación suele tener diversos requisitos que, al mismo tiempo, aluden a distintos síntomas. A partir de estos, dentro de casi todas las organizaciones empresariales en las que actuamos, surgen diferentes planes para efectuar correcciones.

Si nos proponemos hacerlas integradas, aludimos a que las hemos hecho en forma parcial o inconexa. Si buscamos hacerlas inclusivas, seguramente sentiremos que parte del equipo no ha sido considerado hasta el momento, al menos en la medida en que debió serlo. Cuando nos referimos a que sean motivadoras, estamos reconociendo que nuestro proyecto no termina de coincidir con lo que entusiasma a nuestra gente. Si de comunicación personalizada se trata, tal vez hemos pecado de proveer a todos de lo mismo y en las mismas dosis.

Supongamos entonces que hemos detectado que los miembros del equipo involucrados en un proyecto no siempre tenían la totalidad de la información o, peor aún, ¡tenían información distinta! O que el proyecto estaba bien definido desde lo técnico, pero nadie explicó qué significaba su realización para el futuro de la empresa: ¡se había informado el cuerpo pero no se había transmitido el alma! Admitamos también que no solo hemos comprendido desde nuestra racionalidad que debemos comenzar a hacer algo diferente, sino que además somos capaces de hacer nuestra esta necesidad, tomarla como una oportunidad en la que tenemos un genuino interés y convertirla en prioritaria. Es entonces, ante este descubrimiento, cuando nos planteamos comunicar mejor, hacerlo en forma permanente o, simplemente, comunicar.

Llegado ese momento, centramos nuestro análisis y elaboramos planes de acción en torno al hecho de comunicar, y semejante intensidad en el foco puesto en este menester puede hacernos olvidar de quiénes y cómo somos. ¿Por qué hablo de olvidar? Porque a menudo nos centramos en qué conviene comunicar para resolver la demanda derivada de una encuesta de clima o de algún otro medio para efectuar un diagnóstico, sin tomar demasiado en cuenta si aquello que se nos solicita y que procuramos resolver con la comunicación ya ha sido corregido.

La comunicación suma cuando hay coherencia entre lo que decimos y lo que somos. Si primero cambiamos seremos más creíbles. Si lo que comunicamos se da de patadas con lo que sigue ocurriendo en la organización, la comunicación será pasible de las mayores críticas y burlas; la incoherencia nos pone en una situación cercana al ridículo. Y cuando el ridículo lo hacemos quienes somos más poderosos, tenemos mayor jerarquía formal y somos quienes fijamos los salarios, el resto del equipo suele ser impiadoso.

Esta introducción no quiere generar dudas respecto de si debemos o no comunicar. Está claro que la comunicación es fundamental. Pero pretendemos alertar acerca de que debe ser gestionada desde la mayor de las autenticidades.

      ✑ *La incoherencia nos pone en una situación cercana al ridículo.*

Elaboro, luego comunico

Antes de comunicar es necesario, entonces, elaborar la visión de quiénes queremos ser para nuestra gente; analizar si ello nos es posible, estar dispuestos a cambiar lo que debamos cambiar, resolver qué aspectos hemos decidido no cambiar y luego comenzar un proceso de comunicación permanente, honesto, de ida y vuelta. Sin esta elaboración conceptual corremos el riesgo de "enamorarnos" del nuevo mensaje y no del nuevo tipo de relación conversacional que deseamos construir. Al decir de Humberto Maturana, un cambio, del orden que sea, dentro de un grupo humano, solo es posible a partir del acuerdo y consenso sobre qué no queremos cambiar. Efectuar este enunciado y compartirlo permite alinear las palabras, pero mucho más significativo es alinear las acciones mediante la generación de nuevas relaciones de confianza y colaboración.

      ✑ *Todo cambia y se transforma en torno a lo que uno conserva.*[1]

Si bien los procesos de cambio generan incertidumbre y resistencias, el conocer y unirnos en derredor de lo que como equipo hemos decidido no cambiar nos da una guía para hacer los cambios y una razón para habernos mantenido juntos.

---

1. H. Maturana y Dávila, X.: Seminario "Las Emociones en las Organizaciones", Porto Alegre, 2011.

¿Hacemos lo que decimos?

Una vez definidos e implementados los cambios en la forma en que nos comunicamos, el hacer cotidiano nos coloca frente a las exigencias del negocio de todos los días; cambiamos el chip y nos abocamos a producir, a comprar y vender, y nos sorprenden las caras de desconcierto de nuestra gente. ¿Qué podría estar pasando? Seguramente nos encontramos con que lo que estamos comunicando con nuestros actos se contradice con lo que hemos transmitido formalmente a través de ese proceso en el que ya no estamos tan enfocados, que es el de comunicación. ¡Enunciar relaciones óptimas de intercambio de información es mucho más sencillo que llevarlo a la práctica!, porque involucra el intercambio emocional entre todos los miembros de un equipo. No podemos pensar en términos de comunicación solo en el momento de comunicarnos formalmente.

El punto sobre el que debemos tomar conciencia en dicho momento es que, aunque no lo pensemos ni lo digamos, siempre estamos comunicando. Es bastante sencillo deducir que nuestros actos hablan en voz más alta que nuestras palabras. Estas pueden ser una expresión de deseos, un discurso bien armado y vendedor… En fin: una proposición que deba probarse. Nuestras decisiones, nuestras prioridades, nuestras convicciones más firmes son siempre las que nuestros hechos ponen en evidencia. El mejor de los planes de comunicación colapsa si no estamos dispuestos a refrendarlo con nuestras decisiones. Es suficiente que lo que hagamos ponga en cortocircuito solo uno de los puntos incluidos en nuestra comunicación para que se generen dudas con respecto al todo.

> ☞ *El mejor de los planes de comunicación colapsa si no estamos dispuestos a refrendarlo con nuestras acciones.*

La comunicación y la confianza son importantes porque construyen el vínculo emocional entre empresa y colaborador, primero; nuestra Marca Empleador luego, y en función de esto nuestros colaboradores nos elegirán o buscarán nuevos rumbos.

Veamos algunos ejemplos relativos a valores que las empresas suelen compartir con sus colaboradores con la expectativa de que se vivencien cotidianamente y formen, por tanto, parte de la cultura organizacional, pero que con bastante frecuencia pierden potencia por acciones de directivos o de mandos medios que los contradicen.

- ¿Comunicamos trabajo en equipo y diseñamos sistemas compensatorios que esencialmente premian los logros individuales? Es llamativo, porque resulta bastante simple identificar que un porcentaje significativo de organizaciones convive con lo uno y lo otro con la mayor de las naturalidades. Una investigación de Al Grupo Humano de 2014, sobre 350 personas de distintos niveles que se desempeñaban en relación de dependencia en Argentina, reveló que entre quienes dijeron que la organización en la que trabajaban pregonaba el trabajo en equipo, solo el 43% de ellos afirmaba que el aporte grupal era considerado de alguna manera a la hora de fijar recompensas económicas.
- ¿Hablamos de gestión participativa pero las ideas valen en forma proporcional al tamaño de las jinetas de quien las propuso? Existen pocas acciones más desconsideradas que preguntar y, acto seguido, no escuchar la respuesta; pedir y no aceptar lo que se nos da. Lleva implícito el concepto de que vale muy poco el tiempo que el colaborador gastó para pensar o hacer. Digo y resalto el "gastó" porque lo que verdaderamente iguala a las personas, más allá de cualquier otro atributo o rol que nos toque ejercer en un equipo, es que nuestro

tiempo es finito, que a todos se nos acabará y que nadie tiene derecho de hacérselo perder a otro. Podrá decirse que el contrato de trabajo implica que el colaborador pone su fuerza laboral y tiempo a disposición del empleador a cambio de un salario. Una cosa es que los acontecimientos y las nuevas realidades determinen nuevas prioridades o ángulos de enfoque. Otra, muy distinta, es hacer de estas prácticas cuestiones cotidianas. A mayor verticalidad en los estilos de conducción, mayores dificultades encontraremos para construir culturas verdaderamente participativas.

- ¿Transmitimos conciencia ecológica, de buenas relaciones con nuestros *stakeholders*, pero cada noche devolvemos a su hogar un padre, una madre o un cónyuge exhausto, sin más deseo que el de reponerse para las labores del siguiente día? En este punto me parece pertinente resaltar que rara vez hemos visto que las empresas consideren *stakeholders* a las familias de sus empleados. Así como las personas no estamos fuera del ecosistema, y si este se degrada todos los seres vivos nos degradamos, las familias de nuestros colaboradores son las víctimas inmediatas de los ambientes tóxicos que generemos o que no sepamos o queramos cambiar.

- ¿Pedimos creatividad e innovación y defenestramos a quienes cometen errores? Sabemos que el aprendizaje es hijo del error, que el error se produce cuando experimentamos de manera distinta y que nadie en su sano juicio se saldrá del "aquí las cosas siempre se han hecho así" si vislumbra que el ensayo malogrado será castigado. Hay castigos que impactan en el empleo o en los salarios, pero también existen sanciones mucho más sutiles, como la sorna o la "broma inocente y sin maldad" que subraya el error. Nadie va a arriesgarse a experimentar nuevos caminos hasta que "el nuevo aquí lo hacemos así" acepte el error.

Pensemos qué ocurre en la mente de nuestros colaboradores cuando perciben estas incoherencias. ¿Se desempeñarán basados en lo que hemos comunicado o lo harán según lo que observen que ocurre? ¡Lo primero que una persona aprende en una organización de la cual depende su sustento económico es a sobrevivir en ella! Es natural, es biológico: los objetivos que cada uno de ellos deben alcanzar estarán siempre supeditados al logro de la permanencia en la organización.

> ☞ *Lo primero que una persona aprende en una organización de la cual depende su sustento económico es a sobrevivir en ella.*

¿Colaborará nuestra gente con el colega cuyo proyecto viene con dificultades si la cuantía de su bono no depende de ello?

¿Alertarán que estamos tomando una decisión errónea cuando nos enoja que nuestros subordinados aparezcan sabiendo más que nosotros? ¿Hay lugar para que las buenas ideas surjan de cualquier raviol del organigrama?

¿Comunicamos que nuestra gente es nuestro principal activo y lo amortizamos aceleradamente?

¿Aceptamos que a menudo vivimos una cultura "barra brava"? Todos hemos escuchado alguna vez en las noticias que un grupo de jugadores de un club de fútbol fue visitado en el entrenamiento por integrantes de la barra brava de la institución. Y que estos les hicieron saber que el partido del domingo no se puede perder. Seguramente también les han rayado el auto, desinflado una cubierta o mencionado a qué colegio asisten los hijos de los jugadores. ¿Pensará alguien que estas amenazas generan mayor soltura, ánimo y desfachatez en los jugadores como para que el domingo salgan a "bailar" al rival? ¿O será que el domingo estarán angustiados y con los músculos agarrotados, tratando de no equivocarse o de, por lo menos, no ser señalado como el responsable del error?

Formas sutiles de amenazas del tipo "tu puesto está en juego" producen siempre este efecto "barra brava" en la previa de una negociación, firma de un contrato o reunión de trabajo. Las conversaciones respecto del desempeño deben ser realistas, crudas y claras, pero siempre proponiendo los cambios de actitud requeridos y lejos de los momentos en los que el empleado deba concentrarse en el logro más que en evitar la represalia.

Resulta conveniente, entonces, poner en sentencias simples qué significa cada frase del plan, para visualizar si estamos verdaderamente dispuestos a ser consistentes, para releerlas en la intimidad de nuestra oficina y preguntarnos si seremos capaces de sostenerlas en los actos.

Pensemos y reflexionemos sobre estas cuestiones:

- Si proponemos trabajar en equipo, me obligo a celebrar con el equipo los logros que se alcancen y a hacer míos los errores del conjunto.
- Si enunciamos que buscamos colaboradores motivados, me obligo a conversar con cada uno acerca de cómo está vivenciando el hecho de integrar este grupo y de qué manera puedo contribuir para que la experiencia profesional presente pueda enriquecerse.
- Si postulamos que propiciamos la mejora continua, me obligo a analizar las ideas que cualquier miembro del equipo vaya a aportar, sin preconceptos relacionados con los procesos, ni prejuicios respecto de las personas, a preguntar en qué debo ayudar y sostener, y en qué debo dejar de ser un obstáculo.

El desempeño en organizaciones donde las situaciones de incoherencia son cosa de todos los días es la mayor fuente de angustia, ansiedad, insomnio, irritabilidad y problemas de salud en general, sobre todo cuando al empleado se lo pone entre la espada y la pared: ¡debe decidir actuar según lo que decimos y, a la vez, hacerlo en consonancia con lo que transmitimos con nuestros actos! ¡Y encima, resulta contradictorio!

> ∞ *¿Se desempeñarán nuestros colaboradores según lo que hemos comunicado o lo harán basados en lo que observan que ocurre?*

El equipo nos mira

Hace ya algunos años que distintos programas de televisión editan, comparan y compaginan viejas grabaciones y buscan, así, sorprendernos con los cambios de opinión que suelen tener los líderes y que no siempre están debidamente explicados. "Exactamente. Todo lo contrario", respondió hace unos años un sindicalista y político, afirmando y negando a la vez lo que se le consultaba. El poder aumenta también el tamaño de la lupa con la que se nos mira y esta frase habría pasado inadvertida si hubiese sido dicha por alguna persona con menor visibilidad.

Tengamos por seguro que los miembros de nuestro equipo escucharán cada una de nuestras palabras, pero también "escucharán" cada uno de nuestros actos. ¿Por qué? Simplemente porque, como parte del instinto de conservación que sanamente poseen, validan que el capitán del barco sepa hacia dónde se los conduce, qué tan desviado se encuentra de su rumbo y cómo va a retomarlo. Produce más zozobra un capitán que está en el rumbo correcto producto de la casualidad, que uno que está luchando contra una tormenta pero sabe perfectamente dónde está su norte y qué correcciones efectuará apenas aquella se disipe.

> ∞ *El poder también aumenta el tamaño de la lupa con la que se nos mira.*

La comunicación que nos incomoda

Otro político, entonces presidente argentino, se dirigió a los habitantes de la nación en ocasión de las fiestas navideñas con un sonoro: "¡Qué lindo es dar buenas noticias!".

Es obvio. A todos nos gusta más confirmarles a nuestros hijos que iremos de vacaciones a Disney que decirles que haremos Pelopincho en el patio de casa porque el presupuesto no cierra.

Esta incomodidad de dar malas noticias es naturalmente humana: concebimos dar buenas noticias como parte del agradar. Todos queremos que nos quieran y gustar es importante, pero tener credibilidad ¡es imprescindible!

¿Nunca les ha pasado tener que dar una mala noticia y lo evitan, dan vueltas, encuentran siempre algo más urgente para hacer?

En las empresas –en la vida, diría–, la gente prefiere que le digan la verdad, por dolorosa que sea. Saber a qué atenerse da siempre más seguridad que vivir en la incertidumbre. Debemos ser tan precisos y oportunos para comunicar lo *bueno* como lo *malo*. ¿Cuántas empresas que han debido hacer recortes presupuestarios, que incluyen despidos, los han hecho en cuentagotas para que se note menos y casi siempre los viernes a media tarde? Y siempre el último día hábil del mes. ¿Qué pensamos que sentirían sus colaboradores cada viernes a la mañana o cuando llega la hora del almuerzo? ¿O cada día 25 del mes, cuando sepan que, probablemente, a alguien más le tocará abandonar el barco en pocos días? ¿Estarían muy enfocados en sus quehaceres o mirando de reojo a sus jefes para detectar miradas distintas de las habituales? En la medida en que pueda planificarse, aun cuando ninguna empresa está libre de sufrir una crisis, los despidos deberían estar acotados en el tiempo, explicados claramente de acuerdo con la gravedad de la situación. Comunicar inmediatamente después del último despido que el ajuste ha concluido y cumplirlo; sólo así, quienes permanezcan podrán concentrarse en sacar la situación adelante, algo que la empresa y ellos mismos necesitarán de forma urgente, para que el trance no empeore.

☞ *Debemos ser tan precisos y oportunos para comunicar tanto* lo bueno *como lo* malo.

Todos valoramos que nuestros jefes nos den el feedback adecuado. Si un colaborador conoce de primera mano, de su jefe directo, las expectativas de este sobre los puntos a mejorar, sabrá en qué esforzarse y lo agradecerá, ya que lo sentirá como una oportunidad. Ese diálogo que el jefe inicia levantará barreras y regenerará el vínculo con un plus de confianza; el colaborador sentirá que puede acudir a él en busca de consejo y apoyo.

Por otra parte, ¡todo lo que ocurra bajo el paraguas de "aquí de eso no se habla" es una fuente de desinteligencias mayúsculas en todo grupo humano!

En toda comunicación, en todo diálogo, aquello de lo que no se habla es más o, por lo menos, tan relevante como aquello de lo que sí se habla. El no decir es tan notorio que resuena fuerte.

Cuando la organización a la que pertenecemos está viviendo una situación económico-financiera complicada, regresamos a nuestro escritorio de una reunión y un colaborador se acerca y nos pregunta cómo nos fue. No está esperando solo un resumen de las medidas que se tomarán en relación con los costos, ajustes y cuestiones similares, lo que esencialmente necesita saber es dónde está parado con respecto a su estabilidad laboral. Si no media de nuestra parte algún esbozo de realidad, aunque sea en la medida de lo que conocemos y sin que signifique que el panorama no vaya a cambiar mañana, no va a ser fácil que confíen en nosotros; hay que decir lo que se sabe. No hablar de estabilidad, en ese contexto, significa gritar que la estabilidad está en juego.

¿Cómo comunicarlo, entonces, para que motive a redoblar los esfuerzos y a no bajar los brazos? Ir al punto con una frase corta que incluya el meollo del tema: "Estamos muy mal, y si en tres meses no revertimos la tendencia, habrá ajustes mayores". A continuación se podrá abundar en cuánto deberían subir las ventas, por ejemplo, para reconducir el proceso y de qué manera podemos trabajar en equipo para lograrlo. Así, nuestros colaboradores podrán enfocarse. De esta forma, seremos mucho más escuchados que si primero abundamos en detalles contextuales y dejamos para el final la frase que postulo como inicial, porque no escucharán el detalle de aquello en lo que deban enfocarse por la ansiedad en conocer lo que genuinamente más les interesa.

Ante el silencio que grita y frente a una conversación que transcurre por lugares comunes, sin que el jefe explique y sin que los colaboradores interroguen, alguien podría cuestionar: "¿Y por qué no preguntan?" "¿Será que tanto no quieren saberlo?".

Hay dos respuestas procedentes. Y digo procedentes porque son las que suman a la hora de revisar nuestros comportamientos. La primera supone que si el empleado interpreta que preferimos no hablar del tema, asumirá naturalmente que la cuestión es bastante grave. Su cabeza no es la nuestra y es muy posible que imagine una situación peor de lo que realmente es, de acuerdo con sus propios paradigmas y no de los nuestros. A partir de allí, operará según lo que se imagina y no según lo que realmente ocurre. La segunda tiene que ver con que las relaciones entre jefe y empleado no son simétricas y, en consecuencia, el jefe siempre es más responsable de la relación que se construya que el colaborador. Debemos dar el primer paso para que nuestra gente conozca las situaciones, sepa a qué atenerse, tenga oportunidades para mejorar su desempeño y sea dueña de su vida. Así, tendremos muchos mejores colaboradores, más enfocados y más motivados. Como consecuencia directa de este sentir de nuestros colaboradores, nuestra Marca Empleador estará creciendo y resultará más atractiva en un mercado laboral cada vez más demandante en estas cuestiones.

☞ *¡Todo lo que ocurra bajo el paraguas de "aquí de eso no se habla" es una fuente de desinteligencias mayúsculas en todo grupo humano!*

Para sacarse el sombrero

Admiro la forma en que una empresa de consumo masivo está comunicando a su gente que fueron adquiridos por otra compañía, hasta ahora competidora, dominante y líder en el mercado. Han asumido que los empleados de todos los niveles deben conocer las novedades de forma inmediata, no pueden garantizar que los nuevos accionistas mantengan todas las fuentes de trabajo, pretenden producir y vender hasta el último día, y saben que el costo de comunicar los hechos tal y como los conocen hará que algunos empleados busquen otros rumbos en forma precautoria. La corporación informa a cada afiliada toda novedad que se produce, con la indicación de que sea comunicada de inmediato a la totalidad de los empleados, sindicatos y público interno de interés. Informan por mail, intranet, carteleras, y a partir de allí uno de los representantes del comité ejecutivo, personalmente, asume la responsabilidad de pararse frente a los empleados sin distinción jerárquica, en reuniones multitudinarias, en comedores, en playones de depósitos logísticos y en líneas de producción, todos ellos adaptados estratégicamente como un espacio de conferencias para que sus colaboradores conozcan esas novedades sin otro tipo de interlocutores que sus máximos líderes organizacionales, frente a frente y respondiendo a todas las dudas. Finalmente, para garantizar la diseminación efectiva de la información, reúnen a los líderes de sectores para cerciorarse de que todos, o la mayoría, han comprendido la situación como para poder responder a las dudas de cualquier colaborador; continúan capacitándolos en todas las habilidades relacionadas con el liderazgo. Han decidido no guardar información ni mentir.

Me saco el sombrero. Con esta estrategia, consiguieron que muchos colaboradores estén embanderados en llegar al día D con sanas expectativas de continuidad, pero, ante todo, convencidos de que vale la pena apostar por una empresa de estas características. Estamos a mediados de 2016.

Hablamos de comunicación integrada, inclusiva, motivadora y personalizada; nuestras palabras –dichas o escritas– construyen relaciones, edifican ilusiones, generan motivación, marcan el camino, siempre y cuando nuestros actos no las contradigan. Actuar reforzando nuestras acciones con palabras claras que sinteticen y le den sentido de realización al todo resulta fundamental para construir relaciones colaborativas, pero estas se consolidan cuando todos tienen la posibilidad de preguntar, de opinar, de aportar, de ser genuinamente escuchados.

Podemos atrevernos, entonces, a contradecir la frase "El silencio es salud", acuñada a mediados en los años de 1970 con la que José López Rega intentaba iniciar una campaña contra los ruidos molestos, que fue a parar a un cartel giratorio que envolvió durante un tiempo el obelisco y llevaba implícita la idea de que solo la palabra oficial era la que podía alzarse. Sin temor a equivocarnos, aseguremos a viva voz: ¡El silencio no es salud!

CAPÍTULO V

COMUNICACIÓN Y SUBJETIVIDAD: EL DESAFÍO DE ESCUCHARNOS

Necesito datos duros.
Es imposible gestionar sin métricas.
*Establezcamos KPIs (*Key Performance Indicators*) para to-*
mar decisiones acertadas.
La investigación de mercado dice…
Hillary gana las elecciones, aseguran las encuestas…
UK se queda en Europa.

¡Cuánta tranquilidad nos da saber que tenemos *la* información!, y que, a partir de ella y con decisiones racionales, ¡generaremos los resultados planeados! Se supone que con esa información confiable, comunicarnos será simple y sencillo.

Cuando hablamos de información, nos referimos a datos cuyo sentido compartimos. Para que la información de cualquier índole resulte similarmente significativa a unos y otros, debemos acordar el contexto, la relatividad, el punto de partida desde el cual se los mide y el grado de verdad que le otorgamos. Es llamativa la fuerza de verdad que se le otorga a un dato por el simple hecho de haberlo presentado en forma de números en vez de hacerlo coloquialmente. Mientras solemos darles a los números el carácter inapelable de las ciencias exactas, las palabras nos sitúan en un contexto mucho más humano y nos obligan a decodificarlas conversacionalmente para poder llegar a entender lo que la otra persona ha querido transmitirnos. Sin embargo, hasta los datos más duros pueden generar diferentes interpretaciones y, aun cuando distintas personas interpreten lo mismo, es mucho más frecuente que el acuerdo sobre las implicancias sea mucho más dificultoso. No podemos entonces encarar una conversación o una comunicación sin tener en cuenta este aspecto.

Las personas actuamos colectivamente en redes conversacionales donde siempre hay un emisor/receptor y un receptor/emisor, y dichos roles son intercambiables, superpuestos y con objetivos no siempre idénticos. Y ¡con historias, experiencias, influencias de sesgos profesionales disímiles, que por tanto configuran paradigmas propios, únicos, personales y raramente cuestionados!

> ☞ *El ser humano puede realizar una mirada sobre su emocionar, puede reflexionar porque tiene el lenguaje. Todo vivir humano ocurre en conversaciones y es en ese espacio donde se crea la realidad en que vivimos.*[1]

Aun los datos numéricos pueden ser interpretados de forma disímil por personas con perspectivas o con paradigmas distintos. Seguramente existe cierto consenso interno en las organizaciones que miden su desempeño con métodos utilizados a lo largo de años. Pero por el simple hecho de que los no iniciados, los nuevos colaboradores, deben ser entrenados en su significado y en su utilidad se infiere que no todo representa lo mismo para todos.

---

1. Maturana Romesín, H.: *El sentido de lo humano.* Ediciones Granica. Buenos Aires, 2008. *La objetividad, un argumento para obligar.* Ediciones Granica, Buenos Aires, 2011.

La primera brecha: la perspectiva

Cuando vamos a comunicar, cuando esperamos una respuesta, o simplemente cuando interactuamos en el convivir cotidiano, debemos ser conscientes de que existen dos brechas a resolver antes de asumir que "yo sé que él dijo lo que entendí que dijo, que era lo que él quería decir". Esta especie de trabalenguas pone sobre el tapete la génesis de una dosis significativa de conflictos en toda organización humana. No por casualidad *la comunicación* es uno de los aspectos de la dinámica interna de las organizaciones que más preocupa a sus líderes y sobre la cual se busca mejorar permanentemente.

Sabemos que podemos estar pensando en algo, querer transmitirlo, creer que lo hemos dicho tal cual lo pensamos, pero en la elección de las palabras haber modificado en algo el sentido. Nuestros interlocutores estarán más o menos propensos a escuchar algunos pareceres, unos más que otros, prestarán más atención a ciertos aspectos más que a otros y, en definitiva, quedará configurado un escenario con altas probabilidades de desentendimiento.

Decíamos antes que hay dos fuentes, una de la que podemos ser más conscientes que de la otra, que constituyen la génesis de la dificultad.

La más sencilla de dilucidar, si bien no pocos desentendimientos se originan en ella, es la de la perspectiva. Nos llaman al celular y nos dicen con gravedad: "Vení ya mismo" y, sin más, cortan. Tenemos dos opciones. Acudir rápidamente al sitio donde generalmente la persona desenvuelve su actividad, o devolver la llamada preguntando: "¿A dónde?". Si la respuesta fuese: "¿A dónde va a ser?, estoy acá", seguiríamos teniendo un problema de perspectiva, y no quedaría claro para quien recibió la llamada inicial y seguiría tratando de dilucidarlo. Repasemos cuántas veces, aun en llamadas privadas de familiares o amigos, cuando preguntamos desde dónde nos están llamando, recibimos como respuesta distintas variantes del: "de acá, …de Madrid; de acá, …de Villa Luro". Es obvio, pero parece no estar bastante claro que "acá" no es lo mismo para quien habla que para quien escucha.

Existen situaciones en las que es evidente para ambas personas que están en situaciones distintas y entonces resulta sencillo entender desde dónde la otra persona nos habla o desde dónde nos escucha. Si bien esto no garantiza la ausencia de malas interpretaciones, estas suelen estar muy acotadas.

Muy distinto es el desafío comunicacional que se presenta cuando la perspectiva del otro no nos resulta del todo clara. Nuestra tendencia puede llegar a ser la de asumir que nuestra perspectiva es la de todos. Cuanto mayor sea el desconocimiento de la realidad del otro, más probabilidades habrá de no detectar esta brecha.

Las distintas perspectivas generan grietas en las conversaciones, pero es muy probable que en un entorno organizacional conocido al menos una de las partes se dé cuenta de que ellas existen para que indague sobre sus causas hasta resolverlas. La excepción, es decir la posibilidad de no darnos cuenta, aparece cuando alguna de las personas está en un ámbito que no es el habitual y la otra persona lo desconoce. Un vendedor que siempre comienza su recorrido diario en Madrid y lo termina al Este, en Zaragoza, si nos dice que está en la autovía rumbo al Este, entenderemos que aún está en el trayecto de ida, ¡excepto que haya pernoctado en Zaragoza y esté viajando hacia el Este, a Barcelona, por ejemplo! Es esta una situación típica en la que el receptor de la llamada difícilmente comprenda el cambio en la perspectiva de quien llama si este no lo aclara. Como hemos dicho, las cuestiones de perspectiva son muchas veces obvias, pero no siempre.

> ☞ *Nosotros tendemos a vivir en un mundo de certidumbres, de solidez perceptual indisputada, donde nuestras convicciones prueban que las cosas solo son de la manera en que las vemos, y que lo que nos parece cierto no puede tener otra alternativa. Es nuestra situación cotidiana, nuestra condición cultural, nuestro modo corriente de ser humanos.*[2]

Aclarar, contextualizar, abundar en detalles, son situaciones que suelen alterar a los ansiosos, a quienes trabajan guiados por el sentido de urgencia, a quienes hacen gala de su estilo expeditivo. No está mal que sean así, a menudo deben serlo, pero nunca al precio de generar cortocircuitos comunicacionales que fácilmente podrían haberse evitado. Podemos generar mecanismos de prevención para esta clase de brechas cuando comunicamos que hoy el contexto es distinto del normal y habitual, por ejemplo.

Consideremos por un minuto que el avance tecnológico permite que las teleconferencias entre más de cuatro, diez o quince personas desde sitios distintos, con entornos de trabajo también diferentes, sean la realidad del día a día en organizaciones con actividades dispersas en territorios cada vez más amplios y, en muchos casos, distribuidos en todo el planeta. También resulta cada vez más frecuente que las empresas globales comuniquen determinada información a la totalidad de sus colaboradores de distintos países y continentes al mismo momento y en la misma plataforma. Si las perspectivas distintas deben ser consideradas cuando nos comunicamos de a dos, imaginemos los cuidados a prever cuando los involucrados son tres o muchos más.

Realizar esfuerzos para minimizar esta primera brecha, la más sencilla de detectar, es un excelente entrenamiento mental que permite posicionarnos en una escucha activa. Esta nos prepara para detectar con más probabilidades de

---

2. Maturana Romesín, H. y Varela, F.: *El árbol del conocimiento.* Editorial Universitaria, Santiago de Chile,1994.

acierto la segunda brecha, sencillamente porque escuchar activamente conlleva el dudar de nuestra primera percepción, para luego enfocarnos en indagar sobre lo que la otra persona está queriendo decirnos.

La segunda brecha: los paradigmas

Mucho más difícil resulta lidiar con la segunda brecha. Resueltas las cuestiones de perspectivas, cuando hemos establecido claramente que cuando decimos Norte o Sur, más claro o más oscuro, redondo o cuadrado, izquierdo o derecho, o incluso hoy o mañana (cuando se trabaja entre distintos husos horarios), todos estamos entendiendo lo mismo, pero aún queda por recorrer el camino más arduo para lograr comunicarnos.

"Necesito un joven de alto potencial para sumar al equipo". Quienes trabajamos en selección de personal hemos escuchado y seguiremos escuchando frases de este tipo con frecuencia. Y con la misma frecuencia, quien la ha dicho considera que ha sido tan claro que las preguntas sobran. El problema se genera cuando quien lo escucha siente lo mismo y no hay repreguntas. Si esto ocurre, cuando ambas partes quedan satisfechas con lo que han dicho y escuchado, podemos afirmar que, si el candidato que se selecciona es suficientemente similar a lo que esperaba el solicitante, no puede ser fruto de otra cosa más que de la casualidad.

Analicemos la frase palabra por palabra. ¿Está usted, amigo lector, interpretando lo que se solicita del mismo modo que yo? ¿Alguno de nosotros lo está entendiendo realmente? Hasta aquí no hay forma de saberlo.

¿Será que lo que esta persona *necesita* es literalmente lo que requiere o lo expuso de esa manera porque es lo que se le ocurrió pero está abierto a explorar alternativas? ¿No será que piensa reasignar las tareas de forma distinta y entonces le resulta más conveniente buscar un perfil distinto? ¿Es lo que su organización necesita o es lo que él prefiere? ¿Se refiere a gente con formación profesional propia del ámbito de su sector o estará pensando en disciplinas complementarias?

¿Cuál será el concepto de *juventud*? ¿Desde cuántas décadas lo dice? ¿Desde cuántas lo escucho? ¿Joven para qué y por qué?

¿Qué entenderá por *alto potencial*? ¿Para llegar hasta dónde? ¿En el ámbito local o el internacional? ¿Dentro de su especialidad o en funciones más generales? ¿Será hasta donde él llegó? ¿Debo entenderlo como "hasta donde yo llegué"?

Cuando dice "para sumar al equipo", ¿queda claro que está pidiendo una contratación externa o puede considerar candidatos internos? Para él, ¿el equipo es la gente de su sector, de su planta fabril o de la empresa?

Nuestra educación, nuestras historias de éxitos y fracasos, nuestro sentido de pertenencia a una determinada cultura organizacional, pero también ciudadana, regional o nacional, nuestros valores modelados por nuestros padres, educadores y referentes profesionales, todo eso ha contribuido a ser lo que somos.

La cuestión aquí radica en que creemos saber lo que preferimos, lo que nos agrada y lo que nos molesta, pero no sabemos el porqué. Si escuchamos a las neurociencias, Facundo Manes nos enseña que la cognición moral no se restringe a alguna región particular del cerebro, sino que emerge de la interacción de varias estructuras que conforman una red neuronal dentro de la cual está la zona frontal, área del cerebro que además de estar relacionada con la moralidad, se relaciona con las emociones. Por lo general, la mayor parte de nuestras decisiones están vinculadas con nuestras emociones e intuiciones, y es recién después de actuar que analizamos y explicamos racionalmente las decisiones que tomamos.

No ser del todo conscientes de que la forma en que hemos sido culturizados no necesariamente es la misma en que lo han sido otros nos lleva a considerar que lo que escuchamos es lo que se nos ha dicho, que lo que dijimos es lo que quisimos decir, que si otros han hecho algo distinto de lo que se les pidió no puede ser por otra razón que desobediencia o desidia. En fin… ¡que no hay otra forma de interpretar distinta de como nosotros lo hacemos!

¡Esto es absolutamente falso!, porque hay tantas formas de interpretar como paradigmas existan. Por eso y no por otro motivo es que la comunicación es *el* tema en las organizaciones de este comienzo de siglo.

Cuanto más nos conozcamos, cuanto más sepamos cuáles son nuestras reacciones, qué cosas consideramos normales y habituales cuando no necesariamente lo son para los demás, más probabilidad tendremos de comunicarnos eficientemente. Cuanto más conozcamos a nuestro interlocutor, lo que conlleva un interés implícito inicial por hacerlo desde la mayor de las autenticidades y sin prejuicios, también aumentaremos las mismas chances.

> ᕦ …*toda experiencia de certidumbre es un fenómeno individual ciego al acto cognoscitivo del otro, en una soledad que solo trasciende en un mundo que se crea con él.*[3]

Todos hablamos desde nosotros, escuchamos desde nosotros, preferimos desde nosotros y actuamos desde nosotros. El otro también lo hace todo desde sí. También con la mayor de las autenticidades y con el bien intencionado objetivo de trabajar codo a codo con nosotros. Como nosotros con él.

---

3.   Maturana Romesín, H. y Varela, F.: *Ibidem.*

Cuando nos proponemos comunicar masivamente y, sobre todo, cuanto más delicado sea el tema y cuanto más imperioso resulte que la comunicación sea comprendida acabadamente, más dedicación deberemos poner en utilizar los términos adecuados, las palabras que den más sentido en el léxico entendible y cotidiano de nuestra cultura empresarial. No olvidemos tampoco que en distintos países, con sus diferencias culturales e idiosincráticas, las mismas palabras pueden connotar significados distintos, aun en el mismo idioma. Adecuémoslo a todos los niveles y no dejemos de explicarlo en cascada a cada nivel de la organización. Que en todos los equipos haya alguien que pueda evacuar todas las dudas interpretativas para resolver luego las incertidumbres y apreciaciones de los demás. La elección de esta persona, de entre las de mayor nivel de empatía con el resto, debe recaer en alguien que sea respetado y en quienes la mayoría confíe; esto es tan importante como el mensaje en sí mismo.

Acostumbrémonos a detectar el observador que somos, tanto de nosotros mismos como del mundo que nos rodea. Tendremos mejores posibilidades de comunicar no solo lo que decimos sino desde dónde lo hacemos. Se abrirá la puerta para que el otro pueda frasear desde dónde él escucha y se expresa. Estaremos así comenzando a transitar el camino a lo largo de esta segunda brecha que nunca terminará de cerrarse, pero de la que siempre podremos ser conscientes para atenuar sus efectos.

Breve licencia

Simon and Garfunkel nos ha dejado letras y músicas inolvidables que hablan de semillas y visiones plantadas en nuestros cerebros, las que siento compatibles con mis propios paradigmas.

Los sonidos del silencio

Hello darkness, my old friend,
I've come to talk with you again,
because a vision softly creeping,
left its seeds while I was sleeping,
and the vision that was planted in my brain,
still remains,
within the sound of silence.

(Hola oscuridad, mi vieja amiga,
he vuelto a hablar contigo,
porque una visión que llegó imperceptiblemente,
dejó sus semillas mientras dormía,
y la visión que plantó en mi cerebro,
permanece aún,
en los sonidos del silencio.)

Permítaseme utilizarla como puente para las reflexiones que siguen.

Los sonidos del silencio

Hemos mencionado ya en algún capítulo precedente que los silencios suelen hablar más fuerte que las palabras, que lo que no se dice es tan o, a veces, más importante que lo que se dice, y que eso es tan válido para nuestra vida organizacional como para nuestra vida privada.

Cabe preguntarnos entonces acerca de nuestros paradigmas respecto del silencio. También de los paradigmas de nuestros colaboradores sobre el mismo tópico. ¿Existirá algún paradigma organizacional, es decir que forme parte y constituya la cultura interna, respecto de los silencios? ¿Estaremos circundados por algún precepto del tipo de "de esto no se habla? Y si de algo no se habla, no se dice, no se pregunta, no se conversa, entonces ¿no existe? No. No sólo no deja de existir sino que habla a los gritos.

> ∾ *En las relaciones humanas, ningún silencio está desprovisto de significación, y la ausencia de lágrimas puede decir más que páginas enteras.*[4]

¿Por qué razón elegiría yo no hablar de algún tema? A partir de la creencia de que nuestros paradigmas están generados por las experiencias de éxito y fracaso propias y de las de quienes nos han formado, podemos asumir que una buena razón para no dialogar sobre un tema es que genuinamente creemos que es mejor para nosotros, para el otro o para la organización permanecer en silencio. Implica aceptar que comunicar el tema, responder a las dudas o enfrentarlo conlleva mayores riesgos que no hacerlo; que nos irá peor si hablamos, que nuestra gente no podrá o no querrá entenderlo, o que no nos creerá.

Cualquier elaboración o reflexión sobre nuestros paradigmas respecto del silencio implica también detectar los que tenemos con respecto al otro: de su capacidad para entender, aun las situaciones más complejas o graves, para poder ser artífice y dueño de su propio destino; en definitiva, de darle el estatus humano que nos asignamos a nosotros mismos.

Cuando en cambio debemos abordar una conversación con un colaborador renuente a tenerla, podremos inferir que le cuesta asumir errores, que nos teme, que cree que lo que le digamos lo llevará a una situación más desfavorable que la que hoy tiene, que nosotros hemos sido injustos u otros lo han sido con él en el pasado. Una buena forma de iniciar la conversación es dialogar sobre las

---

4. Bateson, G. *et al.*: *La nueva comunicación*. Editorial Kairós, Barcelona, 1994.

ventajas que tiene conversar, de lo bueno que es saber lo que el otro piensa y evalúa, de cómo al hablar se disipa la niebla y los gatos dejan de ser todos pardos, todos siniestros y amenazantes.

Por último, cuando es la organización la que se caracteriza por eludir algunos temas con el mismo sincronismo de una orquesta que coincide en un silencio de la partitura, deberemos mirar hacia arriba, hacia la cúspide. A menudo son también las historias de éxito y fracaso de los fundadores, de los dueños, de los gerentes, de la forma en que han evitado conversaciones difíciles sin que produjeran, aparentemente, efectos secundarios. El hecho de que todos los miembros asuman que existen temas que no se tocan, sobre los que no se dialoga, lleva implícito un temor para nada natural. No puede ser que tantas personas, tantos individuos con sus propios paradigmas a cuestas tengan una misma postura respecto de cómo abordar, o realmente cómo no hacerlo, determinado tema. Es el máximo nivel de la organización, asesorado por profesionales de la comunicación, quien debe tomar el toro por las astas y comenzar a conversar de todos los temas relevantes para la mejor convivencia organizacional. Asintamos también que un tema es relevante cuando lo es para alguien, con prescindencia del lugar que ocupe dentro de la organización.

A menudo son los nuevos integrantes, los que llegan no contaminados por la historia en común, quienes nos ayudan a destrabar conversaciones cerradas bajo cuatro llaves durante años. Démonos la opción de aprovechar esas oportunidades y respondamos con autenticidad y sin dramatismos. Nadie es perfecto. Ninguna organización tampoco lo es. Siempre podemos mejorar, y el primer paso para resolver un problema es aceptar que lo tenemos. La cuota de credibilidad que ganemos operará en nuestro favor y una sensación de alivio permitirá que cada uno se centre en sus responsabilidades cotidianas.

CAPÍTULO VI

CÓMO GESTIONAR LAS COMUNICACIONES INTERNAS EN MOMENTOS DE CRISIS
Por Mariana Porta*

El rol de los colaboradores como voceros de la empresa

La comunicación interna es un factor clave en las organizaciones porque incide en múltiples aspectos que hacen al clima laboral, el que, en última instancia, contribuye a la mejora de la productividad. Sin embargo, cuando hablamos de crisis la importancia estratégica de la comunicación interna crece de forma exponencial y se vuelve singularmente sensible.

¿Qué es una crisis de comunicación en la organización? No existe una única definición universalmente aceptada de

---

* Mariana Porta es licenciada en Comunicación por la Universidad Nacional de Córdoba y con posgrado en Opinión Pública y Comunicación Política (FLACSO). Es miembro de la Asociación de Agencias de Comunicación Interna (AAdeCI) y de la Red de Mujeres por la Democracia, Argentina. En los últimos veinte años se ha desempeñado como consultora institucional. Desde 2007 es consultora en Estudio de Comunicación donde ha llevado a cabo trabajos de comunicación de crisis, comunicación institucional, financiera y comunicación interna para más de veinte clientes de diferentes sectores.

lo que se considere una crisis. Sin embargo, José Luis Piñuel (1997)[1] la define como un cambio repentino entre dos situaciones que amenaza la imagen y el equilibrio natural de una organización. Es decir, que ante las dos situaciones (previa y posterior a una crisis) surge un acontecimiento súbito (inesperado o extraordinario) frente al cual se tiene que reaccionar comprometiendo la imagen y el equilibrio interno (como organización) y externo (como institución) ante sus públicos.

Las crisis son imprevistas y pueden atacar a cualquier tipo de empresa, sea grande o pequeña, privada o pública, y afectar a toda una compañía, una línea de producto o una unidad de negocio. Pueden dañar el desempeño financiero, perjudicar la salud o el bienestar de los colaboradores, de los consumidores, de la comunidad vecina a la empresa y del medio ambiente, y hasta destruir la confianza en la organización, su reputación y su imagen.

Gran parte de las empresas sufren al menos una crisis durante su existencia, aunque no todas las padecen en el mismo grado. Sin embargo, muchas creen que al ser situaciones inesperadas no pueden ser planificadas con anterioridad. De esta manera, no invierten en la elaboración de manuales de crisis porque los consideran innecesarios, no elaboran planes de gestión de situaciones críticas ni manejan técnicas comunicativas para afrontarlas y minimizan el daño que estas puedan ocasionar, y mucho menos preparan a sus voceros.

Además, muchas veces no consideran crisis los conflictos que se producen en el interior de la organización porque no trascienden a la opinión pública. Sin embargo, las crisis internas deben ser tratadas comunicacionalmente, al igual que las externas.

---

1. Piñuel Raigada, J. L.: *Teoría de la comunicación y gestión de las organizaciones.* Editorial Síntesis, Madrid, 1997.

Estamos en crisis. ¿Qué sucede en el ámbito de la comunicación interna?

A menudo, nos preguntamos: ¿cuál es el clima que existe en las organizaciones inmersas en procesos de crisis?, ¿cómo se comunican las empresas con sus colaboradores en esos momentos difíciles? Y más aún: ¿cómo ha actuado la compañía con anterioridad y qué acciones posteriores a la crisis se llevaron a cabo?

Lo primero que se observa es que cuando un acontecimiento crítico irrumpe, los directivos y responsables de la comunicación activan una serie de acciones destinadas a contrarrestar su impacto entre los clientes, los proveedores y los *stakeholders* en general, postergando y muchas veces dejando de lado a uno de sus principales grupos de interés: los colaboradores. En otras organizaciones, en las que los colaboradores sí son tenidos en cuenta, el estallido de la crisis suele disparar comunicaciones precipitadas y descoordinadas, replicando muchas veces mensajes pensados y elaborados para otros públicos y utilizando canales convencionales, sin tener en cuenta, por ejemplo, herramientas online.

En ambos casos, queda en evidencia el descuido de una cuestión central: la planificación y la comunicación con sus colaboradores. Ellos son un nexo clave entre la empresa y la sociedad y, por lo tanto, pueden ser los mejores aliados y voceros, o los peores detractores.

En momentos críticos, como puede ser el de una reestructuración, fusión de empresas, despido colectivo, cierre o crisis de producto, problemas financieros o medioambientales, entre otros, todo lo que se diga internamente es susceptible de llegar al exterior. La comunicación se retroalimenta y los colaboradores explican su versión desde adentro, por eso es fundamental que las empresas comuniquen y escuchen a sus voceros naturales: los empleados.

Además, pocos hechos disgustan tanto al personal como enterarse de noticias sobre su empresa a través de la prensa, de los clientes, de los proveedores o a veces hasta de los competidores. En épocas de incertidumbre o crisis laboral es donde se genera mayor preocupación entre los colaboradores; se suceden las comunicaciones informales y los rumores y se multiplica la desconfianza. Y es justamente ese el momento clave en el que la empresa debe hacer un gran esfuerzo por comunicar.

Primer error: descuidar la comunicación interna

La importancia que adquiere una correcta gestión de la comunicación interna en situaciones empresariales críticas motiva a reflexionar sobre los desaciertos en los que incurren los directivos, para tratar así de evitarlos y afrontar las crisis con convicción y firmeza. Benito Berceruelo[2] sostiene que la peor política de comunicación es la que no existe, ya que siempre la comunicación se produce. En este sentido, utilizar el silencio como respuesta cuando estalla un problema es un mal método para afrontar situaciones de crisis ya que nadie dará una versión más favorable para los intereses de la empresa que la propia compañía.

> ☞ *Si no hay información disponible se recurre al rumor y se incrementa la incertidumbre. Los empleados prefieren saber la verdad (aunque sea dura) que manejarse en la incertidumbre.*

No decir la verdad o brindar información parcial son otras dos herramientas no recomendadas, al igual que tomar decisiones precipitadas que no respondan a un planea-

---

2. Berceruelo, B.: *Nueva comunicación interna en la empresa. Claves y desafíos*. Editorial Aedipe, Madrid, 2014.

miento estratégico, o comunicar sin escuchar. El feedback de los colaboradores tiene una notable importancia porque nos orienta en el sentido en que deben ir los mensajes, así como en la frecuencia con la que la dirección de la empresa debe transmitirlos.

En este tipo de situaciones el vacío informativo no existe. Si no hay información disponible se recurre al rumor, se incrementa la incertidumbre y se producen reacciones naturales como el resentimiento, la sospecha, las críticas, la desmotivación, etc. Y los empleados prefieren saber la verdad (aunque sea dura) antes que manejarse en la incertidumbre.

Además, en situaciones de crisis, la opinión pública suele dar más credibilidad a la información que proviene de un colaborador de la organización. Porque ellos no solo forman parte de la empresa cuando están trabajando, también lo son cuando no están en ella, y es entonces cuando sus opiniones adquieren mayor certeza y se convierten en fuentes de referencia.

Criterios a tener en cuenta frente a una crisis

En un contexto de crisis hay criterios que conviene seguir para hacer de la comunicación esa herramienta eficaz que disminuya el conflicto y ayude a alcanzar la estabilidad:

- La primera actuación para la gestión interna de una crisis de comunicación en la empresa hay que llevarla a cabo antes de que la crisis ni siquiera se haya planteado. En ese sentido, para explicar adecuadamente los porqués en el momento preciso, con los voceros más adecuados y por los canales y soportes más efectivos, es imprescindible contar con una planificación minuciosa y procedimientos concretos y profesionalizados.

- Frente a una crisis, es necesario identificar las zonas críticas y las crisis potenciales y definir una estrategia comunicacional para cada uno de ellos.
- En el caso de las grandes compañías, contar con un manual de crisis o de un protocolo de procedimientos facilitará que el equipo se concentre en ajustar los ejes y mensajes específicos, sin necesidad de partir de cero.
- El manual de crisis define las posibles situaciones de conflicto que podría afrontar una organización según las actividades que lleva a cabo. En él se desarrollan y explican los procedimientos para poner en marcha un dispositivo de comunicación interna y externa, de urgencia y coordinado, que permita que la empresa afronte con la mayor rapidez y eficacia las posibles necesidades de comunicación.
- Establecer un clima de confianza entre los colaboradores. Desde el primer momento hay que involucrarlos y explicarles la situación sin minimizar la magnitud del hecho, y aportarles datos que refuercen la versión de la empresa. Recordemos que toda crisis, sin importar si su origen es interno o externo, afecta y vulnera los lazos de confianza entre la organización y el empleador.
- Comunicar internamente con transparencia a través de mensajes concretos y utilizando el lenguaje y el tono habituales de la compañía. La información emitida debe ser veraz y efectiva para blindar la reputación interna.
- Actuar con iniciativa y rapidez. Lapsos excesivamente largos sin información pueden estimular las especulaciones y los rumores.
- Apoyarse en todos los canales, tanto offline como online. Y saber escuchar para actuar. Los trabajadores pueden aportar información de lo ocurrido, por lo que sus explicaciones pueden servirnos de guía para elaborar los mensajes y seleccionar las acciones de comunicación a realizar.

- Además, una buena estrategia de comunicación siempre tiene previsto "el día después". La empresa debe estar preparada para afrontar todos los escenarios futuros posibles, con acciones propuestas para cada uno de ellos y mensajes a transmitir en cada caso. Esto también contempla a los colaboradores. Es conveniente que estos conozcan la situación en la que se encuentra la organización y que sepan qué es lo que se espera de ellos.

↬ *Toda crisis, sin importar si su origen es interno o externo, afecta y vulnera los lazos de confianza entre la organización y el empleador.*

Colaboradores 3.0

La mayor interactividad, la personalización, la instantaneidad, la rapidez de propagación del mensaje, la viralización, la multiplicidad de actores y otro tipo de características inherentes a estas herramientas han creado un nuevo espacio comunicativo. En este sentido, cuando hablamos de estrategia de comunicación interna y externa debe pensarse en acciones complementarias del mundo online y offline. Ambos anglicismos refieren a la situación de "estar conectados o desconectados" a una red o sistema de comunicación.

En las redes sociales, las crisis pueden ser desatadas por el mal manejo del empleador frente a situaciones complejas con su personal (despidos, suspensiones, traslados, etc.), por los mismos colaboradores (o sus familiares y amigos) o por el desconocimiento de estos sobre las consecuencias que trae el publicar ciertas fotos y comentarios a los que la marca se ve asociada. En estos casos, contar con un manual de uso responsable en redes sociales ahorraría muchos dolores de cabeza.

En el entorno online la capacidad de amplificación de cualquier opinión emitida puede llegar a alcanzar dimensiones que antes eran impensadas, y causar, a la marca/empresa/ organización, un gran daño en su reputación y credibilidad. En este sentido, Twitter, Facebook y YouTube, fundamentalmente, se han convertido en tres soportes más que hay que sumar a los canales tradicionales a la hora de gestionar la comunicación en situaciones de crisis. Son herramientas que permiten que la información fluya de manera inmediata y obligan a una reacción específica, en tiempo, forma y contenido.

Los voceros durante la crisis

En todas las empresas hay dos tipos de voceros: el formal (oficial) y el informal (no oficial). El vocero oficial es aquel a quien la organización le confiere la responsabilidad de transmitir mensajes corporativos a audiencias tales como los medios de comunicación, organismos gubernamentales y no gubernamentales, los accionistas, instancias internacionales, etc. En las grandes empresas este rol es ejercido, por lo general, por el director de Comunicación, jefe de Relaciones Institucionales o jefe de Prensa, según el organigrama de la empresa.

El vocero "no oficial", que es el que nos interesa particularmente, es –en la práctica– el constituido por los miembros de la organización como un todo, aquellos que se comunican de forma cotidiana con audiencias tales como los familiares, amigos, vecinos, colegas, funcionarios públicos, etc. Estos voceros también transmiten mensajes y contribuyen a la formación de una imagen de la corporación frente a la opinión pública.

Los "voceros informales" son un grupo prioritario y esencial para la comunicación de crisis. Para ello se requiere identificar y segmentar los diferentes públicos internos en función de su posición en el organigrama, adaptar los mensajes para cada uno de ellos y al mismo tiempo identificar también los canales más apropiados para transmitir los mensajes: institucional (desde la alta dirección a los empleados), jerárquico (desde la alta dirección a los mandos intermedios, y de estos a los empleados) y horizontal (entre profesionales y/o departamentos del mismo nivel).

En todo el proceso de crisis, previo y durante, es importante impulsar y controlar redes de comunicación (ascendente, descendente y horizontal) que trasladen la información sobre las causas y los posibles efectos de los acontecimientos, y recomendaciones de actuación a todos los niveles de la organización. Informar sobre las medidas adoptadas y aclarar rumores y especulaciones para transmitir tranquilidad. Los colaboradores tienen que conocer los porqués de la situación crítica en la que están sumergidos y de las medidas que ha tomado la dirección.

A su vez, la empresa debe demostrar que su colaboración en estos momentos es fundamental para poder gestionar con éxito la crisis y darle salida cuanto antes. Si por el contrario, esto no se tiene en cuenta, el público interno se convierte en una fuente de información primordial para los medios de comunicación: transmiten información a medias, crean posibles rumores y toman posiciones que afectan notablemente a la estabilidad de la empresa. En este sentido, siempre debe tenerse en cuenta que determinados públicos internos (operadores de call centers, recepcionistas, secretarias/os, responsables de atención al cliente, etc.) son voceros permanentes de la compañía ante públicos externos (clientes, medios de comunicación, etc.).

Finalizada la crisis, los colaboradores deben recibir un mensaje constructivo sobre las consecuencias y los efectos de la situación ya resuelta. La dirección debe agradecer la colaboración e implicarlos en el plan de superación de crisis para mantener la confianza, ingrediente clave para la Marca Empleador.

Las empresas que mantienen informados a sus colaboradores sobre la marcha, evolución y planes de la compañía generan mayor confianza. Y si esta comunicación persiste y se refuerza en situaciones de crisis la organización se vuelve más transparente, lo que contribuye a construir su reputación.

> ☞ *En situaciones de crisis, hay que involucrar a los colaboradores, hacerlos parte, escucharlos, comunicarles las decisiones tomadas por la organización. Sus opiniones son consideradas con mayor credibilidad y se convierten en los mejores y más creíbles "embajadores de marca".*

Planificar para adelantarse a los acontecimientos

Cada crisis es única, y afrontarla es siempre una tarea ardua y nada gratificante. Si además se ha de hacer buscando soluciones (de comunicación) sobre la marcha, el proceso puede tornarse extenuante y muy poco eficaz.

Una comunicación de crisis planificada permite flexibilidad y capacidad de adecuación ante imprevistos. Además, está demostrado que una comunicación eficiente y oportuna en el interior de la organización puede reducir la incertidumbre y los rumores, y crear espacios de información, participación y opinión activos entre los empleados. En este esquema, la contribución de la comunicación interna a la gestión de los procesos de crisis es decisiva. Ahora bien, la máxima eficacia solo se logrará si la comunicación interna está incorporada a la cultura empresarial.

En síntesis, aun en estos tiempos constituye un desafío para cada organización el manejo de la Comunicación Interna en tiempos de crisis. Por tanto, se debe trabajar paralelamente con los colaboradores e involucrar a todos los agentes haciéndolos partícipes en la resolución de conflictos con mensajes claros, concretos y concisos. Ni más ni menos, ellos también son protagonistas para resolver una crisis.

Parte II

CASOS DE VIVENCIAS ORGANIZACIONALES

Creemos que el mejor camino para aprender es hacer. Uno puede entender pero cuando hace entiende y además incorpora el conocimiento.

Llegamos a la conclusión de que, para lograr el libro que imaginábamos, más allá de la teoría y de nuestra propia experiencia, necesitábamos la mirada y el aporte enriquecedor de los casos prácticos, aquellos que nos muestran los conceptos en acción y los múltiples caminos que el desarrollo profesional nos desafía a recorrer.

Por ello, luego de debatirlo internamente, invitamos a reconocidos profesionales de diversas industrias que generosamente compartieron su saber y quehacer a través de sus testimonios. Para que sus aportes tuvieran homogeneidad les acercamos preguntas orientativas que los guiaran en la construcción de su relato.

A continuación compartimos los casos de vivencias organizacionales contados por sus propios protagonistas.

ACERCAR LA COMUNICACIÓN INTERNA Y EXTERNA PARA ATRAER A LAS NUEVAS GENERACIONES

Rafael Bergés*
Gerente de Desarrollo Organizacional del Banco Galicia

¿En qué medida la comunicación interna está centrada en dar a conocer información sobre el negocio o a comunicar y reforzar valores de la cultura interna? ¿Utilizan canales diferenciados de acuerdo con cada tipo de comunicación?

La comunicación para nosotros es un proceso clave dentro de Desarrollo Organizacional y Recursos Humanos, pero al mismo tiempo es un servicio fundamental para diversas áreas que confían en nosotros para construir y hacer llegar sus mensajes. En Galicia trabajamos la comunicación de forma integral haciendo foco en lo estratégico, la gestión y la marca empleadora. A través de una comunicación simple y ágil buscamos acompañar a las personas en el camino hacia el logro de los objetivos y en las transformaciones culturales planteadas por nuestra estrategia. Trabajamos

---

* Rafael Bergés es ingeniero industrial graduado en la Universidad de Buenos Aires. Inició su carrera en Techint y continuó desarrollándose en Telefónica Argentina hasta convertirse en uno de los principales referentes de Recursos Humanos del país. Desde 2010 lidera la transformación cultural de Banco Galicia como gerente de Desarrollo Organizacional y Recursos Humanos, habiendo logrado al día de hoy que el Galicia figure entre las tres mejores empresas para trabajar de la Argentina y entre las tres empresas más soñadas por los jóvenes.

también sobre procesos recurrentes que son claves para el funcionamiento de nuestro negocio y para el desarrollo, la motivación y fidelización de nuestro equipo.

Finalmente, desde el año pasado, comenzamos a trabajar fuerte en hacer crecer nuestra marca empleadora a través de la gestión de redes sociales, prensa y eventos, y en seguir desarrollando herramientas digitales sin perder el foco de lo interpersonal, lo que hacemos a través de los líderes. Entendemos que la forma en que uno comunica genera cultura y mejora la experiencia del colaborador. En paralelo, contamos con una estructura de canales que utilizamos de forma segmentada dependiendo del tipo de mensaje a transmitir.

¿Cuáles son los principales medios de gestión de la comunicación interna utilizados por la compañía? ¿Se han ido modificando en los últimos tiempos? ¿Identifican a alguno de ellos como el más efectivo?

Hoy comunicamos a través de una multiplicidad de canales digitales y presenciales que incluye la intranet y el mail corporativo, por ejemplo. Pero estamos trabajando en ser más eficientes en la gestión de la comunicación utilizando menos y mejores canales. Entendemos que la comunicación adentro de la empresa debe reflejar el dinamismo con el que la información se maneja afuera, en el ámbito personal/social. A veces las organizaciones quedan desactualizadas en el tono y en la forma de sus mensajes hacia adentro, si se compara en cómo habla hacia afuera, con sus clientes, por ejemplo. En este sentido, lo desarrollado en marca empleadora nos ayudó mucho a generar esos puentes entre comunicación interna y externa. En este momento estamos preparándonos para la implementación de Workplace, la solución de Facebook para el desafío que tiene la comunicación corporativa para desarrollar canales intuitivos, mobile, con analytics altamente desarrollados y con actualizaciones continuas.

¿Incluyeron a las nuevas tecnologías como canal formal de la comunicación de contenidos estratégicos? Por ejemplo: grupos de whatsapp, grupos cerrados de Facebook, intranet, blogs, circuito cerrado de TV.

Retomando el punto anterior, la tecnología es clave para nosotros porque nos permite trabajar sobre todo con inmediatez (algo muy valorado actualmente), pero también acercando a las personas cuando hay gran dispersión geográfica y porque nos invita a usar formatos más atractivos para las nuevas generaciones, que hoy conforman más del 50% de nuestro equipo.

De todas formas, para nosotros sigue teniendo mucho valor la comunicación cara a cara. En este sentido, una práctica muy reconocida por nuestro equipo son los "Conociéndonos", desayunos de trabajo con nuestro top management a los que puede asistir cualquier persona de nuestro equipo. La cercanía es uno de los valores que poseemos y por eso las conversaciones en persona tienen muy alto impacto. Por esta razón para nosotros los líderes son fundamentales en este proceso, consideramos al líder un canal más y uno muy crítico.

¿Hay una demanda diferenciada en cuanto a la información requerida por los colaboradores, de acuerdo con las distintas generaciones que conviven en la compañía?

Definitivamente, en cuanto a cantidad y calidad. Los jóvenes buscan comunicaciones en tiempo real, transparentes, abiertas. Buscan mensajes claros, simples, visuales, no quieren que les llenen la casilla de mails con información no relevante. Están acostumbrados a la segmentación y consideran que todo lo que a ellos no les interesa es spam. Para nosotros este es un desafío alucinante, nos lleva a tener que cambiar el chip con el que venimos, a estar siempre listos y un paso adelante para sorprender superando expectativas.

¿Puedes mencionar algún ejemplo puntual en el cual una campaña/acción de comunicación interna haya trascendido las fronteras de la compañía, aportando a la Marca Empleador en modo de recomendación dentro del entorno de los colaboradores y posicionándola como un buen lugar para trabajar?

Programa de Innovación: realizamos eventos de comunicación masivos para instalar la importancia del valor de innovar. Estas acciones tuvieron repercusiones inéditas en redes y prensa. Ejemplos: #AprenderdelError, Día de la Innovación, Hackatón Galicia.

Star me up: herramienta digital de reconocimiento. La implementamos con mucho éxito con nuestro equipo y luego compartimos el caso de éxito con la comunidad en general.

¿Cuál de los canales/medios utilizados es el que genera mayor retroalimentación por parte de los colaboradores?

En este momento, los canales que responden a una lógica de red social y los presenciales.

¿Se traducen las propuestas de los colaboradores en acciones concretas generadoras de cambio?

Las propuestas de los colaboradores se gestionan a través de nuestro programa de innovación.

Dentro de tu estilo de comunicar, ¿hay algún aspecto que cuides obsesivamente o que consideres que no puede fallar?

La transparencia. Cuando uno no comunica algo importante está comunicando, y a lo mejor es algo que si se planifica y se es proactivo mejora mucho la percepción y la transparencia, y aumenta la confianza.

¿Utilizan alguna herramienta o tienen algún proceso que les permita conocer cómo los colaboradores han recibido

la comunicación, qué han entendido y cómo ha impactado en su quehacer cotidiano?

Estamos midiendo permanentemente la efectividad de la comunicación a través de procesos formales, pidiendo feedback y generamos espacios abiertos de conversación que llamamos "Conociéndonos cada día más" en donde tenemos un termómetro de lo que se está diciendo en la organización.

Más allá de estas preguntas, ¿hay alguna experiencia vivida en tu actual compañía o en otra que te haya marcado, que la hayas sentido como una gran experiencia de aprendizaje?

Considero una experiencia de aprendizaje la necesidad de que las áreas de RRHH nos formemos en herramientas de marketing, comunicación digital (hoy mucho en redes sociales) y en coaching para fortalecer nuestro rol de comunicadores y su poder de transformación en las personas y en las organizaciones.

SIEMPRE SE ESCUCHAN LAS PROPUESTAS DE NUESTROS COLABORADORES

Julieta Camandone*

Gerente de Comunicación de Massalin Particulares, afiliada argentina de Philip Morris International (PMI)

¿En qué medida la comunicación interna se centra en dar a conocer información sobre el negocio o a comunicar y reforzar valores de la cultura interna?

En el caso de Massalin Particulares, la comunicación interna está centrada en tres puntos: dar a conocer el negocio, reforzar los valores de la cultura global de la compañía y acercarnos a nuestra gente a través de comunicaciones donde ellos pueden compartir con sus colegas las actividades dentro y fuera de la compañía.

¿Utilizan canales diferenciados de acuerdo con cada tipo de comunicación?

Usamos para esto herramientas diferenciadas, que incluyen una revista impresa cuatrimestral, un newsletter di-

---

* Julieta Camandone nació en la provincia de Córdoba, Argentina, en 1981. Es licenciada en Comunicación Social por la Universidad Austral y se desempeñó como periodista en las revistas *El Federal* y *Genoma*, en el diario *El Cronista Comercial*, en Radio El Mundo, Radio Palermo y Radio América, y en la señal de cable CN23. Fue docente de las facultades de Comunicación Social de la Pontificia Universidad Católica Argentina y de la Universidad Austral. Actualmente, es gerente de Comunicaciones en Massalin Particulares, afiliada a Philip Morris International.

gital trimestral, actualizaciones de noticias en la intranet de la empresa, correos electrónicos de comunicación interna, pantallas de TV y cartelería. Otros mecanismos de comunicación muy directa son los "open dialogues" y los grupos de JAM. Los primeros son sesiones de diálogo abiertas, donde las autoridades de la compañía, tanto a nivel local como internacional, hablan sobre la actualidad del negocio y responden directamente a las consultas del equipo de colaboradores de la empresa. Los grupos de JAM son temáticos, se manejan dentro de la plataforma digital general y nuestra gente participa en ellos según la función, área o proyecto específico. Reciben notificaciones de las actualizaciones por mail y pueden compartir y comentar lo que deseen.

¿Cuáles son los principales medios de gestión de la comunicación interna utilizados por la compañía? ¿Se han ido modificando en los últimos tiempos? ¿Incluyeron a las nuevas tecnologías como canal formal de la comunicación de contenidos estratégicos? Por ejemplo, grupos de whatsapp, grupos cerrados de Facebook, intranet, blogs, circuito cerrado de TV.

Las herramientas de comunicación en general son altamente dinámicas, impulsadas por los avances tecnológicos. En la búsqueda por mantenernos actualizados, en 2015 incorporamos el newsletter digital que nos permitió ampliar los contenidos de nuestras comunicaciones con secciones más "blandas" e interactivas (como contar experiencias, compartir fotos con consignas específicas, etc.). El newsletter es el canal con mayor retroalimentación, porque su contenido está formado en un 80% por material que nos acercan los empleados. También en 2015 se hizo el relanzamiento, a nivel global y con mucho éxito, de la intranet. Además de la intranet y los grupos de JAM, Philip Morris International está en Facebook, LinkedIn y Twitter, y todos los empleados pueden seguir a la compañía en esas redes sociales y participar.

¿Identifican a alguno de ellos como el más efectivo?

Mientras se van sumando estas innovaciones, reconocemos en nuestra revista impresa la más alta penetración, aun por encima de los medios digitales.

¿Hay una demanda diferenciada en cuanto a la información requerida por los colaboradores, de acuerdo con las distintas generaciones que conviven en la compañía?

Recientemente lanzamos una encuesta de comunicación interna y los resultados nos indican que, si bien toda la organización es receptiva a la innovación en la forma en la que recibe noticias (por ejemplo, la revista impresa tiene alto grado de aceptación, pero también lo tiene la intranet), las generaciones más jóvenes son las más propensas a la interacción permanente, responden más favorablemente a la opción de bajar una App para estar informados y compartir información o experiencias digitalmente con sus colegas.

Si la compañía atravesó una crisis, ¿de qué modo contribuyó la comunicación interna a revertir la percepción de la situación generada por los rumores?

La compañía ha utilizado varias veces la comunicación interna para transmitir tranquilidad a los empleados, informando a través de sus autoridades con sesiones de diálogo abierto, donde la comunicación es fluida y clara. También utilizamos en estos casos los mails de comunicación interna y el contacto directo de la gente con sus supervisores, para contrarrestar cualquier tipo de efecto negativo que los rumores puedan ocasionarle a la compañía.

¿Se traducen las propuestas de los colaboradores en acciones concretas generadoras de cambio?

Siempre se escuchan las propuestas de nuestros colaboradores. Para eso tenemos un comité de comunicación interna que está formado por un representante de cada departamento. En la medida de lo posible, intentamos poner en práctica las propuestas de los colaboradores. De hecho, a partir de nuestra reciente encuesta de comunicación interna estamos comenzando a implementar cambios. Este comité también nos permite tener feedback de cómo los colaboradores de la empresa van recibiendo las comunicaciones.

SOMOS UNA EMPRESA CON GERENCIAS
Y JEFATURAS DE PUERTAS ABIERTAS

Daniel Cwirenbaum*

CEO de Archivos Activos – Prodmobi SA

¿En qué medida la comunicación interna está centrada en dar a conocer información del negocio o a comunicar y reforzar valores de la cultura interna?

Nuestra comunicación interna está principalmente orientada a dar a conocer información del negocio, y totalmente segmentada de acuerdo con el target al que va dirigida, en especial cuando se trata de colaboradores con personal a cargo, de las áreas de diseño, ejecutivos de cuentas, encargados de planta, etc. En cambio, con el personal de planta, por ejemplo operarios, o con el equipo de administración, nos focalizamos en reforzar cuestiones que tienen que ver con nuestros valores de cultura interna o información orientada a temas de organización.

---

* Daniel Cwirenbaum es ingeniero industrial graduado en la Universidad de Tel Aviv. Después de servir en el ejército de Israel, en el sector de Logística y Aprovisionamiento de la Fuerza Aérea, regresó a Argentina. En 1994 fundó Archivos Activos, empresa de la que es presidente y CEO. La inició con la importación de muebles archivadores, que luego comenzó a producir localmente. Con el paso de los años, ahora la empresa diseña y fabrica soluciones integrales para espacios de trabajo en oficinas.

¿Utilizan canales diferenciados de acuerdo con cada tipo de comunicación?

Los canales utilizados para dar a conocer la información del negocio pueden ser comunicaciones desde el Directorio de la empresa a los empleados, o a través de reuniones personales o grupales. Para otro tipo de cuestiones recurrimos a las carteleras o al envío de emails grupales o individuales.

¿Cuáles son los principales medios de gestión de la comunicación interna utilizados por la compañía? ¿Se han ido modificando en los últimos tiempos?

Entre los principales medios de gestión de la comunicación utilizamos las entrevistas o reuniones grupales para llegar a acuerdos y poder aplicar reglamentos internos donde se especifica cómo actuar o manejarse ante determinadas problemáticas, más allá de dar pautas puntuales que la empresa desea que se cumplan, así como también transmitir muchas cuestiones organizativas o dar respuestas a necesidades de los empleados.

¿Incluyeron a las nuevas tecnologías como canal formal de la comunicación de contenidos estratégicos? Por ejemplo, grupos de whatsapp, grupos cerrados de Facebook, intranet, blogs, circuito cerrado de TV.

Hemos adoptado nuevas tecnologías, como grupos de WSP que muchas veces son utilizados para dar información al comienzo de la jornada laboral, cuando aún el personal está ingresando a la empresa. Además, también se ha implementado el uso de blogs y Facebook para compartir información de productos nuevos que la empresa lanza o la comunicación de premios obtenidos por nuestros nuevos diseños.

¿Hay una demanda diferenciada en cuanto a la información requerida por los colaboradores, de acuerdo con las distintas generaciones que conviven en la compañía?

La demanda de información está bien diferenciada por una cuestión generacional. El personal más joven es más demandante de información y generalmente no se conforma con aceptar determinadas cuestiones si no se tiene un buen sustento para justificar las acciones de la empresa, mientras que las anteriores generaciones son menos exigentes o no cuestionan tanto a la hora de aceptar lo que la empresa decide.

¿Tienen algún ejemplo puntual en el cual una campaña/acción de comunicación interna haya trascendido las fronteras de la compañía, aportando a la Marca Empleador en modo de recomendación dentro del entorno de los colaboradores y posicionándola como un buen lugar para trabajar?

El hecho de ser percibidos como un buen lugar para trabajar se construye con múltiples acciones a través de los años, pero podemos asegurar que una gran cantidad de familiares y allegados de nuestros colaboradores quieren ingresar a trabajar con nosotros, y muchos ex empleados siempre quieren regresar. Asiduamente nos contactan para ver si hay posibilidades de reingresar y esto abarca tanto a profesionales como a operarios de planta. Consideramos que esto puede ser un indicador de que la empresa está posicionada como "un buen lugar para trabajar".

Si la compañía atravesó una crisis, ¿de qué modo contribuyó la comunicación interna a revertir la percepción de la situación generada por los rumores de "radio pasillo"?

Hasta el momento la empresa no ha llegado a atravesar una crisis, pero el "radio pasillo" siempre existe porque la gente está muy pendiente de su estabilidad laboral. Pero la comunicación interna ayuda y mucho, ya que la mayoría de los colaboradores se maneja por los canales que la empresa propone para acceder a la información que necesita.

¿Cuál de los canales/medios utilizados es el que genera mayor retroalimentación por parte de los colaboradores?

En nuestra experiencia, el canal a través del cual recibimos mayor retroalimentación es mediante las reuniones grupales, donde se crea un espacio en el que se generan las condiciones de motivación que contribuyen, al estar todo un sector o grupo de pertenencia junto; hace que la gente se suelte más y se anime a proponer o cuestionar cosas y pueda haber un ida y vuelta para resolver cuestiones de diversa índole. Se logra fidelizar a los equipos, especialmente si con el tiempo ven que esas demandas son escuchadas y transformadas en respuestas y propuestas sólidas.

¿Se traducen las propuestas de los colaboradores en acciones concretas generadoras de cambio?

Nuestros colaboradores son escuchados, analizamos sus propuestas y en muchas ocasiones generamos cambios que no necesariamente son una réplica de lo que el colaborador plantea. Muchas veces esa idea es mejorada con la mirada de otros, especialmente de los responsables de los sectores a los cuales afecta.

Dentro de tu estilo de comunicar, ¿hay algún aspecto que cuides obsesivamente o que consideres que no puede fallar?

Siempre tratamos de atacar el problema y no a la persona, también adecuar mucho el vocabulario o la redacción dependiendo de a qué tipo de sector de la empresa tenga que comunicar para ser lo más claros y concisos posible, y de esa manera asegurarnos de que, más allá de las diferencias y del background de cada público, la mayoría pueda interpretar lo que realmente se quiso comunicar.

¿Utilizan alguna herramienta o tienen algún proceso que les permita conocer cómo los colaboradores han recibido

la comunicación, qué han entendido y cómo ha impactado en su quehacer cotidiano?

Si bien no utilizamos ninguna herramienta en particular para medir el impacto de la comunicación interna, lo comprobamos mediante la observación directa de sus respuestas traducidas en las acciones, y en función de eso vamos viendo los mejores modos para seguir comunicando y de qué forma nos vamos adecuando o ajustando de acuerdo con cada comunicación. De cualquier forma, esta organización es muy abierta a la charla individual o grupal como para que la gente pueda expresar cualquier inquietud o expresar aquello que han entendido y lo que no. Cualquier colaborador accede fácilmente para dialogar con el jefe, gerente de área o general. Somos una empresa con gerencias y jefaturas de puertas abiertas.

LA TRANSPARENCIA EN LA COMUNICACIÓN Y EL TRATO CERCANO CON LOS COLABORADORES ES FUNDAMENTAL

José Demicheli*

CEO ADBlick Agro

¿En qué medida la comunicación interna se centra en dar a conocer información sobre el negocio o a comunicar y reforzar valores de la cultura interna?

En la compañía, el vínculo entre los diferentes actores es de pares. La comunicación es diaria y fluida entre los miembros del equipo. Toda información vinculada al negocio, y que involucra a una o más personas, se busca que

---

* José Demicheli es contador nacional de la Universidad de Buenos Aires y realizó un EMBA en el IAE, en 1993. Realizó el programa de Agronegocios del CEMA y un PAD, en 2012, en el IAE Business School, y diversos cursos en Harvard y Babson. En 2007, con una visión positiva de las oportunidades de realizar negocios en el sector agropecuario, se propuso desarrollar ADBlick Agro, donde actualmente se desarrolla como director general. Desde 2011 se desempeña como profesor en Prácticas de Dirección del Área de Política de Empresas, con foco en entrepreneurship, en el IAE Business School. Anteriormente, en 1998 y 1999, participó como profesor para el dictado de ASN. En el ámbito empresarial ha tenido experiencia en distintas industrias, ha participado como Management Director de Pro Entertainment, antes TyC Entertainment, desprendimiento del Grupo Torneos y Competencias. Participó en el desarrollo de Pro Brasil, en la compra de Pro Novelties y en el desarrollo de Sabores Suizos, emprendimiento que junto a Nestlé desarrolló las franquicias de las Heladerías Frigor. Antes se había desempeñado en la gerencia de Distribuidores y Mayoristas de Molinos Río de La Plata, y en puestos gerenciales en Ringer y Arimex.

sea enviada mediante algún medio de comunicación, como el mail o algún otro vehículo. Existen grupos de whatsapp entre los miembros de los diferentes equipos de trabajo, que les permite estar informados en forma permanente.

En nuestra compañía es necesario que los colaboradores conozcan constantemente la evolución de los negocios, ya que se está en contacto continuo con inversores, a quienes se les brinda también toda la información.

A su vez, se busca siempre reforzar los valores de la compañía como punto diferencial, en reuniones de equipo, mediante medios gráficos para tenerlos siempre presentes en el lugar de trabajo, y mediante el ejemplo en el actuar y la toma de decisiones.

¿Utilizan canales diferenciados de acuerdo con cada tipo de comunicación?

Las comunicaciones vinculadas a nuestros valores y cuestiones personales se realizan de modo diferente. Es de suma importancia el trato personal. Por ello valoramos el diálogo personalizado a la hora de comunicar temas relacionados con el desempeño de cada persona que forma parte de la compañía, de modo de poder obtener un feedback 360 grados y generar un espacio de mejora continua en todos los niveles de la organización. A su vez, existen banners, carteles y otros medios gráficos que intentan recordar los valores de la compañía a cada uno de los miembros que la componen.

Por otro lado, se recurre a otros canales, en función del tipo de comunicación. Se utilizan los grupos de whatsapp en muchos casos para el trabajo diario, por proyecto, área o temática. A su vez, se emplea el correo electrónico como otro de los medios principales.

En lo que respecta a la comunicación hacia fuera de la empresa, se realiza a través de plataformas de envíos masivos de correo electrónico, redes sociales y acceso a un Back End para los socios inversores de la compañía.

¿Cuáles son los principales medios de gestión de la comunicación interna utilizados por la compañía? ¿Se han ido modificando en los últimos tiempos? ¿Identifican a alguno de ellos como el más efectivo?

Los principales medios de comunicación son los mails, los grupos de whatsapp y las reuniones periódicas de equipo. Creemos que los distintos medios se complementan. Somos conscientes de que la tecnología aporta mucho a la mejora en la eficiencia, pero creemos firmemente que también el factor humano debe estar presente. En el último tiempo se han ido incorporando herramientas tecnológicas que han contribuido a la mejora en la comunicación.

Sin duda el whatsapp generó un cambio sensible, permitiendo una dinámica de trabajo más ágil, y así un incremento en la velocidad de respuesta y toma de decisiones.

¿Incluyeron a las nuevas tecnologías como canal formal de la comunicación de contenidos estratégicos? Por ejemplo, grupos de whatsapp, grupos cerrados de Facebook, intranet, blogs, circuito cerrado de TV.

En el caso de la comunicación interna, como mencionábamos anteriormente, se han incluido nuevas tecnologías. Pero más aún en la comunicación hacia afuera. Utilizamos diferentes redes sociales como Facebook y LinkedIn, además del blog de la compañía, un canal de YouTube, whatsapp con nuestros socios inversores y donde recibimos consultas, la página web y muchos otros. Estamos en permanente análisis de nuevas herramientas, seleccionamos aquellas que consideramos aportan valor, pero no incorporamos tecnologías que no lo aporten. Por último, se utiliza plataforma de envío de correos y material digital de comunicación.

Asimismo, contamos con una intranet donde todo socio inversor puede ingresar y ver la información actualizada; ello le permite disponer siempre de información, sin necesidad de requerirla por otro medio.

¿Hay una demanda diferenciada en cuanto a la información requerida por los colaboradores, de acuerdo con las distintas generaciones que conviven en la compañía?

Si se tiene en cuenta el equipo que la conforma, la compañía puede ser considerada una empresa joven. Eso permite que exista mucha inquietud por la incorporación de nuevas tecnologías y por la actualización permanente. La adopción de las nuevas herramientas tecnológicas internamente se da de manera muy natural y rápida, lo que le brinda a la compañía mucha flexibilidad y adaptación a los cambios.

¿Tienen algún ejemplo puntual en el cual una campaña/ acción de comunicación interna haya trascendido las fronteras de la compañía, aportando a la Marca Empleador en modo de recomendación dentro del entorno de los colaboradores y posicionándola como un buen lugar para trabajar?

La presentación de los negocios al mercado es algo distintivo de la compañía. Internamente se le da mucha importancia al profesionalismo y a la profundidad de análisis. Este valor, que se transmite internamente, se ve reflejado luego en el material que se comparte públicamente y que posiciona a la compañía. En función de ello, existe gran interés de distintas personas en involucrarse y formar parte de la empresa.

A su vez, el trato y los vínculos que se generan en el ámbito interno hacen que el ambiente de trabajo sea muy atractivo para quien busca oportunidades profesionales.

Si la compañía atravesó una crisis, ¿de qué modo contribuyó la comunicación interna a revertir la percepción de la situación generada por los rumores?

No nos ha tocado atravesar ninguna situación de crisis; no obstante, dentro de la compañía se comparte toda la información de forma muy abierta. En momentos difíciles es donde el trabajo en equipo resalta. Es fundamental la unión, el trabajo conjunto y en busca de un mismo objetivo.

A su vez, la adaptación a diferentes contextos y la flexibilidad son otros de los requisitos fundamentales para salir adelante.

El contar con la información precisa le permite al colaborador aportar soluciones a las diferentes situaciones que se presentan, lo cual es valorado dentro de la compañía.

¿Cuál de los canales/medios utilizados es el que genera mayor retroalimentación por parte de los colaboradores?

No creemos que exista un único canal o medio de comunicación que sea totalmente efectivo. Entendemos que cada situación y circunstancia presenta una vía de comunicación más apropiada y permite una mejor interacción entre los miembros para lograr el objetivo. Específicamente, con respecto a la retroalimentación, creemos que el whatsapp es un medio que permite la participación simultánea y permanente de todos los miembros, que genera un intercambio de ideas que rápidamente se pueden llevar a la práctica. Por otro lado, las reuniones periódicas de los distintos sectores y las semestrales de toda la compañía también son muy valiosas para la retroalimentación. Generar espacios de análisis, reflexión e intercambio permite la concepción de nuevas perspectivas, nuevas ideas y la retroalimentación entre todos los miembros.

¿Se traducen las propuestas de los colaboradores en acciones concretas generadoras de cambio?

Una característica en nuestra compañía es la apertura a nuevas propuestas. Buscamos generar un ambiente de trabajo en donde se logre que los colaboradores tomen un rol activo y participativo, que propongan permanentemente nuevas acciones, herramientas, etc. Por ello es que se busca también generar un equipo multidisciplinario.

Un caso particular y vinculado a los negocios, a modo de ejemplo, fue durante una reunión cuatrimestral del equipo de inversiones (equipo que ofrece los productos a los inversores y que tiene contacto permanente con ellos y sus necesidades). A raíz del análisis de los distintos negocios que se estaban ofreciendo, un miembro del equipo tuvo la habilidad de detectar una nueva oportunidad de negocio para los inversores. Gracias a su iniciativa, se tomó la idea y se analizó en el departamento correspondiente y se vio que era viable y muy atractiva desde la perspectiva de los inversores. Finalmente se decidió avanzar en ella, siendo que la ventana de tiempo para aprovecharla era acotada, y se logró ofrecer con gran éxito, obteniendo como resultado el ingreso de muchos nuevos inversores a la compañía.

Dentro de tu estilo de comunicar, ¿hay algún aspecto que cuides obsesivamente o que consideres que no puede faltar?

Entiendo que el contacto humano nunca debe faltar. La transparencia en la comunicación y el trato cercano con los colaboradores es fundamental para generar la confianza necesaria dentro de la compañía.

¿Utilizan alguna herramienta o tienen algún proceso que les permita conocer cómo los colaboradores han recibido la comunicación, qué han entendido y cómo ha impactado en su quehacer cotidiano?

En primer lugar, las puertas siempre están abiertas para recibir a los colaboradores. Existe la confianza por parte de ellos de expresarse y transmitir sus visiones e inquietudes. Eso permite tener un buen feedback, y manejar una misma información.

A su vez, se tienen reuniones de equipo periódicamente, que permiten seguir alineando a todos los miembros hacia un mismo objetivo.

PASIÓN Y AMOR EN NUESTRA COMUNICACIÓN INTERNA PARA EMPODERAR A CADA INTEGRANTE DE NUESTROS EQUIPOS

Graciela Figueira*

Directora de Ventas de la Unidad Desafío de Mary Kay Argentina

¿En qué medida la comunicación interna está centrada en dar a conocer información sobre el negocio o a comunicar y reforzar valores de la cultura interna?

Al tratarse de una compañía que está presente en 38 países distribuidos entre Latinoamérica, Europa y Asia, con

---

* Graciela Figueira es directora de ventas de la Unidad Desafío de Mary Kay Argentina. Se formó como odontóloga en la Facultad de Odontología de la Universidad de Buenos Aires en 1981, pero su verdadera vocación se desarrollaría dentro del sector de la belleza y el cuidado personal, enriqueciendo la vida de otras mujeres en lo personal y en lo laboral. Diseñó su propia carrera a través de diversos cursos realizados tanto en Argentina como en el exterior con el claro objetivo de prepararse para crecer en dicho campo. Se formó en áreas de marketing y asistió a capacitaciones tales como: curso de maquillaje para profesionales con Luis Casco; maquillaje para profesionales, en Barcelona; curso intensivo para profesionales, en Madrid; curso de oratoria, seminario internacional en Dallas; PNL, liderazgo efectivo; imagen profesional; coaching, y negociación en la EAN. Su interés en la superación continua la llevó a capacitarse en diversas técnicas en cursos y seminarios: cómo generar cierres de venta efectivos; curso de imagen personal, con Pont Ledesma; curso intensivo de maquillaje teatral en el teatro Colón; curso de diseño de ojos y tendencias con Sebastián Correa; Leadership en el Conrad de Uruguay, y capacitación superior realizada todos los años para directoras de Mary Kay de Argentina, donde desde 1991 es directora de ventas.

un reporte general a la casa matriz ubicada en Dallas, se hace necesario apalancar a toda nuestra gente manteniendo una línea de comunicación interna clara y coherente.

Esto apunta a cumplir un doble objetivo: por un lado, brindarles a nuestros equipos toda la información inherente al desarrollo del negocio, y por el otro, afianzar los valores de nuestras cultura y filosofía FE, familia y empresa, en cada uno de nuestros integrantes, para que ellos desde sus respectivos roles y responsabilidades lo puedan representar hacia fuera de la compañía.

¿Utilizan canales diferenciados de acuerdo con cada tipo de comunicación?

Sí, recurrimos a distintos canales según el tipo de información que deseamos transmitirles a nuestros públicos. En nuestro caso, en Argentina, el *staff* se comunica a través de videoconferencias mensuales dirigidas a la fuerza de ventas donde se presentan los objetivos de negocio y los de venta del mes. Dentro del esquema de comunicación, contamos con capacitaciones anuales para directoras, en las que se refuerzan competencias de liderazgo y desarrollo. A su vez, para las consultoras se proponen talleres para respaldarlas mediante herramientas que contribuyan a su desempeño en ventas.

En cuanto a los canales, desde la compañía recibimos información mensual a través de la revista impresa *Aplausos*, que llega a los domicilios de toda nuestra fuerza, de venta distribuida en todo el país, durante los tres primeros días de cada mes.

Debido a la particularidad de nuestra empresa, contamos con una red de 500 directoras de venta, y cada una de ellas, a partir de esta información recibida, genera sus propias estrategias y enfoque para nutrir a sus equipos, en los cuales conviven consultoras fidelizadas que llevan años en la compañía junto a nuevas integrantes, por lo cual la comunicación no debe dejar espacio a dudas en ninguno de los niveles. Se arman promociones basadas en *sets* de productos y de acuerdo con la oportunidad de negocio.

El catálogo enviado por la compañía es atemporal ya que no contiene promociones mensuales que perderían vigencia cada cierre de mes, por lo tanto el desafío es ir generando distintas propuestas para cada mes comercial con el objetivo de ayudar a nuestros equipos.

Además de la comunicación impresa, mantenemos videoconferencias todos los primeros días de cada mes con el *staff* de directoras y con toda la fuerza de ventas del país a través de *GoToMeeting*, donde se comunica la propuesta mensual. También se realizan reuniones presenciales llamadas *Meeting* y cierres quincenales para ir teniendo la medición, como un termómetro, de los avances del mes en curso. "El *enfoque* es el punto de partida de cualquier carrera."

¿Cuáles son los principales medios de gestión de la comunicación interna utilizados por la compañía? ¿Se han ido modificando en los últimos tiempos? ¿Identifican a alguno de ellos como el más efectivo?

En Mary Kay gestionamos la comunicación a través de diversos canales; el impreso, como ya lo mencionamos, sigue siendo muy efectivo, al igual que las reuniones presenciales o por videoconferencia. A estos medios principales se les suman los mails, y más recientemente incorporamos el Facebook de la compañía, whatsapp, Instagram, todos ellos soportes que nos permiten estar instantáneamente comunicados con nuestra gente y con nuestras clientas.

Desde mi experiencia, lo que revolucionó mi unidad es el audio del whatsapp. Esta aplicación me permite tener una comunicación con 100 consultoras de diversas partes del país todos los días, brindándoles estrategias de venta, entrenándolas sobre un producto en particular, generando motivación o publicando premios (productos, bolsos, agendas, desayunos de trabajo, etc.) con objetivos concretos en ventas e iniciación. Siempre buscamos premios que mejoren la imagen profesional o que incrementen su capital de negocio, y que al mismo tiempo fidelicen a cada consultora, convirtiéndolas en genuinas embajadoras de nuestra marca.

Particularmente, creo que nada suplanta a la intención de la voz. Es habitual que antes de un audio, les envíe un mensaje escrito, que dé un panorama del tema del que voy a hablar. La locución debe ser corta y precisa, no debe durar más de tres minutos, según mi fórmula.

Otra herramienta fabulosa es la lista de difusión, que nos permite contactarnos con clientas directas que reciben en forma personal nuestras promociones semanales ilustradas con fotos de los productos. Así es que las inquietudes o los pedidos son recibidos personalmente, siguiendo el contacto con cada una en particular, sin tener que interactuar en un grupo, lo que muchas veces no es muy bien recibido por la gente. Podemos afirmar que "Estamos a un click de acceder a toda la información".

¿Incluyeron a las nuevas tecnologías como canal formal de la comunicación de contenidos estratégicos? Por ejemplo, grupos de whatsapp, grupos cerrados de Facebook, intranet, blogs, circuito cerrado de TV.

Sí, totalmente, como antes lo mencionamos. En mi caso, trabajo mucho con un grupo cerrado de Facebook y el grupo de whatsapp que ha superado todas mis expectativas. Para evitar conflictos o pérdida de tiempo, tenemos reglas internas para el óptimo funcionamiento de esta modalidad de comunicación tan instalada en la mayoría de la gente; todos respetamos que es exclusivamente un medio para transmitir información o consultas relacionadas con la actividad de Mary Kay. Allí se pueden compartir ideas para promociones, adjuntar fotos, eventos, y es sumamente útil para mantener el contacto con las integrantes del equipo que están distribuidas por otras provincias de Argentina. Este tipo de medio resulta muy inspirador y contribuye para poder replicar actividades en las distintas ciudades donde estamos presente. "Organizar tu tiempo utilizando un *sistema de prioridades* da resultado."

¿Hay una demanda diferenciada en cuanto a los canales de información requeridos por los colaboradores, de acuerdo con las distintas generaciones que conviven en la compañía?

¡Claro que sí! La gente joven es muy selectiva a la hora de elegir cómo comunicarse. Se contactan solamente por Facebook o por whatsapp, esto le da una velocidad increíble al negocio. Y pone en vigencia la frase de Einstein, quien sostiene que "Locura es seguir haciendo lo mismo y pretender que las cosas cambien". Esta es mi frase preferida.

¡Los jóvenes nos enseñan a hacer cambios radicales en el negocio!

Tienen la habilidad de contactarse con mucha gente a través de las redes sociales, generando eventos que se comunican y resuelven de manera casi inmediata. Lo suben a sus diferentes grupos de relación, deporte, estudios, amigos o por zonas geográficas, ampliando así las posibilidades de captar nuevos interesados en conocer nuestros productos.

Por su parte, muchas de las consultoras de más de 50 años se sienten más cómodas con los medios impresos, pero cada día son más las que se suman al uso de las redes sociales o aplicaciones disponibles.

¿Tienen algún ejemplo puntual en el cual una campaña/acción de comunicación interna haya trascendido las fronteras de la compañía, aportando a la Marca Empleador en modo de recomendación dentro del entorno de los colaboradores y posicionándola como un buen lugar para trabajar?

En este caso voy a recurrir a una experiencia personal que la tomo como ejemplo a la hora de transmitir y generar lazos que superen la frontera de la compañía.

Soy una apasionada de lo que hago, ya llevo más de veinticinco años como directora en Mary Kay. Yo elegí desarrollarme profesionalmente en esta compañía. Pero hace unos diez años mi carrera se había "amesetado". Entre los beneficios corporativos que se les brinda a las directoras están los viajes internacionales y también existe el "Trofeo sobre ruedas", por el cual, en el nivel de directora, se accede a una camioneta con la imagen corporativa. Para lograrlo hay que alcanzar una determinada productividad que surge de la eficiencia de las ventas del equipo.

Como les comentaba, yo estaba anclada en un estadio de meseta, ello no significaba que me estuviera yendo mal, pero mis números no alcanzaban para acceder a la camioneta institucional. Sucedió que en una charla con una colega, mientras esperábamos que el director de ventas hiciera su presentación, ella me animó a que me propusiera para acceder al premio y no solo lo dejó como sugerencia, sino que se lo planteó delante de mí al director, quien, conociendo mi trayectoria, dio por sentado que yo podía alcanzar los números que me permitirían llegar a la camioneta.

Que el director en ese momento creyera en mí marcó una diferencia que no solamente me ayudó a superar mis números y conseguir la ansiada camioneta, sino que cambió la historia de mi empresa "desafío" dentro de la compañía. Debí tomar decisiones y focalizarme; en ese momento, además de ser directora de ventas, tenía a mi cargo un estudio de maquillaje cuya dirección debí delegar para poder centrarme en mi puesto en Mary Kay.

A partir de haber vivenciado esa experiencia súper motivadora, trato de que cada una de las integrantes de mi equipo sienta que creo en ella y en su capacidad de superación. Por eso, pongo mucho amor en la tarea y trabajo arduamente en el diseño de capacitaciones que están dirigidas a la acción, a empoderarlas mediante la posibilidad de acceder a la mayor cantidad de herramientas que apunten a fortalecer sus competencias. Porque ellas son nuestras verdaderas embajadoras de marca y son muy reconocidas dentro de su entorno, de donde surgen nuevos "inicios" que quieren formar parte de nuestro equipo, inspiradas por eso que transmiten nuestras consultoras, lo que posiciona naturalmente a nuestra compañía como un muy buen lugar para trabajar.

EL ÉXITO TERMINA DE DARSE CUANDO SE LOGRA QUE LOS LÍDERES DE LA ORGANIZACIÓN SEAN CONSISTENTES ENTRE SU DECIR Y SU HACER

Lionel Hepner*

Gerente Corporativo de Planeamiento de Recursos Humanos
dentro del Grupo San Cristóbal

¿En qué medida la comunicación interna está centrada en dar a conocer información sobre el negocio o a comunicar y reforzar valores de la cultura interna? ¿Utilizan canales diferenciados de acuerdo con cada tipo de comunicación?

Poder hacer un aprovechamiento estratégico del *grip* de las comunicaciones es fundamental en los procesos que gestionan cambio cultural en las compañías. Básicamente, significa centrarse en la perspectiva del colaborador para que toda su experiencia de vida organizacional esté atravesada con la misma lógica, calidad y tono en el cual "quere-

---

*   Lionel Hepner actualmente se desempeña como gerente corporativo de Planeamiento de Recursos Humanos dentro del Grupo San Cristóbal (Asociart, San Cristóbal Seguros, San Cristóbal Servicios Financieros, San Cristóbal Retiro, San Cristóbal Caja Mutual, San Cristóbal Viajes y Turismo, San Cristóbal Seguros Uruguay). Desarrolló su carrera en diferentes organizaciones, tanto globales como locales (Unilever, Alpargatas, HSBC), alcanzando un perfil de especialista en gestión del talento y cultura organizacional. Ha obtenido un diploma de honor en Psicología de la Universidad de Buenos Aires, complementando su perfil organizacional a través de diversos programas de desarrollo gerencial. Es miembro activo en comisiones de Recursos Humanos con colegas en IDEA y en diferentes iniciativas institucionales del ámbito de los Recursos Humanos.

mos que ocurran las cosas en esta organización". Por supuesto que aquí nos referimos a la comunicación en un sentido amplio y por multiplicidad de canales. La máxima de que todo comunica, incluso los silencios, tiene que ser tenida en cuenta por cualquier profesional del área que quiera ser consistente.

Luego, la utilización de diferentes canales se da en el sentido de poder ponerse en la perspectiva del colaborador como principal cliente interno, e introducirlos en una lógica sencilla, práctica y de calidad. Por esta razón, así como algunos mensajes tienen necesariamente que ser lanzados en cascada desde los líderes de la organización, hay otros que merecen ser cursados a través de canales más abiertos, frescos y pregnantes, como puede ser nuestra revista interna *Protagonistas*, o la intranet corporativa.

En nuestro proceso de cambio cultural e integración, fue fundamental el *storytelling* con todos los colaboradores de haber cerrado el año 2016. Celebramos un encuentro de fin de año único, en donde todos juntos por primera vez en la historia, independientemente de la unidad de negocios o región de que provinieran, se encontraran en una misma localización para celebrar los logros como grupo. El evento se realizó en el predio ferial La Rural y toda la estética circense en la ambientación cerró el mensaje, cuando con sorpresa los invitados descubrieron que el show principal era llevado adelante por el Director Artístico del Cirque du Soleil, emparentando la transformación del circo que esa compañía ha logrado, con la transformación que estamos impulsando en el Grupo San Cristóbal. A su vez, nuestro patrocinio a SÉP7IMO Cirque du Soleil dio el marco perfecto para que estuvieran representados los logros del negocio. Zeta Bosio, como DJ invitado, dio el toque final a la sorpresa.

¿Cuáles son los principales medios de gestión de la comunicación interna utilizados por la compañía? ¿Se han ido

modificando en los últimos tiempos? ¿Identifican a alguno de ellos como el más efectivo?

Fundamentalmente el éxito termina de darse cuando se logra que los líderes de la organización sean consistentes entre su decir y su hacer. Eso es lo principal. Luego, por supuesto, los canales (aún más si son tratados con calidad) son los mejores vehículos para poder transmitir mensajes; pero a no confundirse, la comunicación no es directamente tal o cual canal. Uno puede tener desplegada la mejor tecnología (intranet, mailings, newsletters, revista interna, townhalls, etc.), pero el verdadero efecto se da cuando las personas son consistentes y claras en lo que están contando.

Todo indica que en estos tiempos la actualización vendrá por el canal digital, que permite llegar más rápido y a más gente con menos costos. Al convertirnos en una compañía multinegocios con diferentes localizaciones, es común que las salas de videoconferencia se encuentren muy demandadas para las reuniones. Nuestros procedimientos de empleos, a su vez, también aprovechan las posibilidades que brinda el Skype para poder facilitar el objetivo de la entrevista de conocimiento.

¿Incluyeron a las nuevas tecnologías como canal formal de la comunicación de contenidos estratégicos? Por ejemplo, grupos de whatsapp, grupos cerrados de Facebook, intranet, blogs, circuito cerrado de TV.

Hemos desplegado una actualización tecnológica de la intranet que permite instalar tecnología 2.0, participación activa de los colaboradores, *gaming*, encuestas, sorteos, etc.

La implementación de SuccessFactors (SAP), como marca líder en plataformas de gestión de personas, también persiguió la finalidad de ser consistentes en darles la posibilidad real mediante el soporte tecnológico para que los colaboradores pudieran cursar este valor que impulsamos: que sean auténticos protagonistas del cambio y que no se queden en la posición de víctimas donde toda la responsabilidad queda depositada en el afuera.

¿Hay una demanda diferenciada en cuanto a la información requerida por los colaboradores, de acuerdo con las distintas generaciones que conviven en la compañía?

El mundo de las organizaciones fue entendiendo que uno gestiona como vive. En este sentido, es imposible disolver la subjetividad de los colaboradores con respecto a lo que piensan, viven, disfrutan o los apasiona después de las 18 horas. De esa misma manera, nuestros colaboradores son también consumidores, incluso de nuestros servicios. Así, uno puede comprender mejor que en la hoja de ruta de cada septenio de vida, las personas tienen miedos, intereses y deseos diferentes. Es raro creer que un joven profesional esté preocupado por el beneficio de guardería, aunque sí posiblemente le asigne valor a una política de flexibilidad laboral. La diferenciación es necesaria para lograr comprender a todo tu espectro de clientes internos, de manera tal que con sus particularidades todos logren vivir una misma experiencia de lo que significa trabajar en esta organización. Sencillamente la propuesta de Valor al Empleado (EVP) nos invita a mirarnos a los ojos y respondernos ¿por qué trabajo en esta compañía?

En la misma línea, nuestro negocio de seguros de automotores se apalanca fuertemente en el canal de productores, en donde desde hace un tiempo a esta fecha los históricos jugadores en el rubro están de a poco dejando sus carteras de negocio a sus hijos, quienes por supuesto vienen con otra lógica o modelo mental. Tener una mirada integral de la estrategia organizacional no puede desconocer este aspecto, de manera tal que nuestra cultura organizacional pueda estar preparada (desde el adentro) a lo que el negocio nos demandará (desde el afuera).

En este sentido, una de las maneras de modelar cultura en la organización la perseguimos al alinear los beneficios de forma que quede cubierto todo el espectro de motivadores dentro de la vida de un colaborador en la compañía, desde que ingresa, al dar sus primeros pasos profesionales, hasta que se encuentra con su situación de paternidad/maternidad o se jubila. La pista está dada; no le asignamos el mismo valor agregado al menú de beneficios, depende del momento de vida en el que cada uno de los que formamos parte de las compañías nos encontremos.

¿Tienen algún ejemplo puntual en el cual una campaña/ acción de comunicación interna haya trascendido las fronteras de la compañía, aportando a la Marca Empleador en modo de recomendación dentro del entorno de los colaboradores y posicionándola como un buen lugar para trabajar?
Para destacar las más importantes:
- Nuestra Universidad Corporativa ha trascendido en el mercado. En una primera instancia para manejar la comunicación (diseño de naming y branding de una original escuela de desarrollo de líderes, que luego crece para convertirse en Universidad Corporativa). Queríamos hacer sentir a los participantes especiales, pues han sido elegidos por su potencial, que son los protagonistas del cambio en la organización. La convocatoria al Programa de Desarrollo Gerencial fue muy cuidada, con una caja de madera lustrada identificada con el grabado de cada nombre, que contenía binoculares profesionales, además del tarjetón con la información de rigor bajo el lema "En busca de nuevos horizontes". Toda la imaginería y ambientación de nuestras aulas recorrió el mismo lema. En paralelo, el Programa de Desarrollo de Líderes fue identificado con una brújula, siguiendo el mismo concepto.
- Nuestro Proceso de Acuerdos y Resultados (PAR) fue concebido como algo más que una evaluación de desempeño (como usualmente se la conoce en el

mercado). Desde el espíritu con el que fue comunicado el programa, hasta la elección de su nombre, quisimos poner en el colaborador el foco de este proceso que no es fundamentalmente evaluativo, sino más bien un vehículo de gestión del desempeño que pretende el desarrollo conectando la cultura del logro con la recompensa. A su vez, PAR emula que esto es algo que se da entre dos (jefe y colaborador), en donde ambos están a la misma altura en la responsabilidad (a la par) para que la gestión exitosa sea posible.

• Nuestro programa de Retiro Anticipado fue bautizado "Tu futuro protegido, un compromiso mutuo". Con esta lógica, nuestro origen mutualista sirvió de inspiración para transmitir algo de lo que estamos convencidos y que tiene que ver con la cultura del compromiso. A su vez, se verá que la misma lógica de protagonista de su propio desarrollo aquí atraviesa toda la hoja de ruta organizacional del colaborador, desde que ingresa hasta que se jubila.

• *Dynamo* nació como una marca utilizada para un proyecto en el que se están optimizando los procesos centrales de la compañía. Ha sido un éxito en cuanto a la aceptación que ha tenido el programa, pues cualquiera dentro del grupo sabe de lo que se habla cuando se menciona la palabra Dynamo. Vinculado a lo automotriz, un dínamo funciona como un catalizador, algo que permite que las cosas se aceleren.

• *Global 21* es el nombre que recibe nuestra marca de planeamiento estratégico a cinco años (iniciado en 2016). Global, pues dentro de nuestra visión está el convertirnos en una compañía global, financiera y de seguros.

¿Cuál de los canales/medios utilizados es el que genera mayor retroalimentación por parte de los colaboradores?

La intranet 2.0 hoy está resultando el canal más fluido para lograr la velocidad y la llegada que la actividad diaria requiere. A su vez, la Universidad Corporativa funciona como un espacio de encuentro y de networking para la generación de redes, que termina representando un canal de comunicación de mucho impacto por el contenido de los temas que se tratan en aula.

¿Se traducen las propuestas de los colaboradores en acciones concretas generadoras de cambio?

La figura de los comités funciona muy bien para lograr capitalizar las ideas de los colaboradores en cambios concretos. Es consistente con nuestra filosofía que invita a ser protagonistas y no simples espectadores del cambio. Este punto es clave, pues un pedido cultural sin los correctos dispositivos o vehículos para alcanzarlo podría ser contradictorio en el mensaje que se quiere provocar. Si estamos requiriendo de nuestros colaboradores que sean auténticos protagonistas del cambio, como contraparte debemos dar los espacios formales para que las iniciativas puedan ser llevadas adelante.

Comités que promueven la responsabilidad social empresaria con iniciativas que luego son llevadas a la práctica por los mismos colaboradores, buzón interno para propuestas e ideas que luego son abordadas en nuestra revista interna, participación en jornadas de clínicas de la experiencia para que podamos incorporar lo que aprendemos, son ejemplos de esto.

Dentro de tu estilo de comunicar, ¿hay algún aspecto que cuides obsesivamente o que consideres que no puede fallar?

Lo principal es poder ser simple y demostrar calidad. Desde el diseño de la pieza hasta las palabras seleccionadas para la transmisión de la idea. No es lo mismo un mail crudo, que una convocatoria que ya desde la percepción te haga palpitar el contenido.

Dentro de nuestros programas de aprendizaje de habilidades blandas para el liderazgo de equipos, constantemente intentamos pasar por el cuerpo la experiencia para proponer el feedback auténtico, oportuno y promotor de ganancias. El arte de dar feedback es una herramienta que bien utilizada debe ser considerada un regalo, aunque mal utilizada puede resultar en un intercambio que genere más pérdidas que ganancias. Lo fundamental entonces será la preparación: reservar una sala a la altura de las circunstancias, demostrar a tu interlocutor interés por escucharlo; imagínate el resultado final esperado, y así tendrás más posibilidades de que la experiencia sea fortalecedora. Por el contrario, si solo recorremos la experiencia a modo de *check list*, posiblemente se genere en el vínculo un efecto contrario al que perseguimos. Tener conversaciones honestas significa también que puedan ser llevadas adelante en un idioma empático y compartido por los interlocutores. De nada sirve dar un mensaje que no ha sido decodificado de la manera que pretendemos, en el medio se pierde significado.

CONSISTENCIA EN LA MARCA EMPLEADOR

Juan Iramain*

Director de Asuntos Públicos y Comunicaciones Corporativas para Latinoamérica
y el Caribe para Citibank

¿Por qué nos gustan ciertas organizaciones para trabajar?

Según el ranking de *Fortune,* Google es la mejor compañía para trabajar en el mundo. Ofrece a sus empleados beneficios inusuales, como peluquería, un servicio de reparación de bicicletas o lavandería gratis. De todas maneras, no son esas las principales razones por las que Google es una Marca Empleador extraordinaria. La mayoría de sus empleados piensa que Google hace que la información sea accesible a todos, y que esa misión corporativa constituye una forma concreta de mejorar el mundo[1]. Y eso les parece una razón poderosa para trabajar para Google durante muchas horas, cada día.

---

*   Juan Iramain es director de Asuntos Públicos y Comunicaciones Corporativas para Latinoamérica y el Caribe del Citibank. Tiene a su cargo las comunicaciones externas e internas, el desarrollo y la implementación de la estrategia de responsabilidad social corporativa y las relaciones con los gobiernos en 23 países de Latinoamérica. También es responsable de asegurar la consistencia de los mensajes a las partes interesadas de Citi, así como el manejo de reputación y crisis en la región.

1.   https://www.google.com/about/company: "Google's mission is to organize the world's information and make it universally accessible and useful".

Entonces ¿nos atraen ciertas organizaciones por el aporte social que hacen?

Nos gusta trabajar para determinadas organizaciones porque valoramos el beneficio que producen en nosotros mismos y en los demás. En otras palabras: si podemos elegir dónde trabajar, lo hacemos sopesando una razón hedonista (lo que nos conviene) y una razón altruista (lo que nos da orgullo). Y la Marca Empleador se alimenta de esas dos pulsiones humanas básicas: la atracción por lo que nos conviene (buenos sueldos, ambiente de trabajo agradable, oportunidades de aprendizaje) y la atracción por lo que nos da orgullo (clientes satisfechos, más gente favorecida por mejores bienes o servicios, impacto social o ambiental positivos).

¿Cómo se relacionan la conveniencia y el orgullo con la Marca Empleador?

La Marca Empleador es la representación simbólica de todos esos beneficios combinados y cualquier plan de comunicación interna se articula sobre esos ejes, con conciencia o sin ella por parte de quien la implementa.

¿Para qué sirve la comunicación interna en las organizaciones?

Las estrategias de comunicación interna –no importa la naturaleza de la organización– en general tienen dos fines principales, uno operativo y otro cultural.

- El fin operativo se materializa al compartir información útil para poder llevar a cabo el trabajo de la mejor manera posible. Son los mensajes sobre procedimientos, políticas, cambios organizacionales o fechas de entregas. Si bien estos mensajes tienen contenido emocional, su finalidad es primordialmente práctica: buscan que la gente sepa lo que debe hacer y por eso funcionan bien los medios escritos, que pueden ser leídos y releídos. El dato es lo relevante.

- El fin cultural es el que se persigue cuando se comparten valores o hechos que generen un mayor compromiso y orgullo de pertenecer. Son, por ejemplo, los mensajes sobre logros, premios, objetivos a largo plazo o lanzamientos de nuevos proyectos; son más emocionales que estrictamente informativos. Cuentan datos útiles, pero sobre todo generan orgullo y refuerzan el sentido de pertenencia. Por eso se usan videos, *town halls* o eventos para transmitirlos, porque los mensajes orales o audiovisuales son, en principio, más eficaces para transmitir emociones.

Evidentemente no existen mensajes puramente informativos o puramente emocionales. La vida de una organización transcurre más bien por la *via di mezzo* y las herramientas de comunicación interna se complementan entre sí para compartir datos útiles y generar emociones.

¿Qué rol cumple la comunicación interna en la construcción de la Marca Empleador?

El manual más básico diría que la Marca Empleador se construye entre los públicos internos con las dosis adecuadas de mensajes internos de tipo operativo y de tipo cultural. Y que el secreto está en la elección acertada de las herramientas de comunicación para cada tipo de mensaje: videos cortos e impactantes para animar, emails claros y bien redactados para informar, desayunos con el CEO para generar compromiso, reuniones cuidadosamente planeadas para comunicar proyectos y recoger feedback. Sí, pero no es tan fácil.

La eficacia de los mensajes podría medirse según diversos criterios. Simplificando: los mensajes con fines operativos son eficaces si se entienden fácilmente y los que tienen fines culturales lo son si emocionan y generan sentido de pertenencia. Así las cosas, asumiendo que una organización ofrece condiciones laborales relativamente competitivas, debería poder construir su Marca Empleador de manera casi automática, siempre que los responsables de comunicación interna cuenten con cierta pericia técnica. Pero no es así.

Si no se trata solamente de transmitir mensajes claros y con las dosis adecuadas de emoción, ¿dónde está la clave?
La comunicación, no importa si es personal o institucional, si es interna o externa, si es de tipo operativo o cultural, tiene una condición excluyente de eficacia y, quizá, hasta de existencia: la confianza.

Confianza es, según coinciden diccionarios y autores diversos, lo mismo que credibilidad. Su etimología va en ese sentido: proviene del latín *cum-fides*, con fe. Confiar es creer, creerle a alguien.

¿Cómo se genera confianza?
Hay mucho escrito sobre la confianza en el ámbito de la psicología[2] y de la pedagogía[3], y bastante también –aunque no demasiado leído– en el de la comunicación[4]. Una síntesis de las tres condiciones básicas de la confianza podría ser la siguiente:

• Sinceridad: hay relación habitual de concordancia entre la dimensión interna (pensamientos, intenciones, sentimientos) y las palabras.
• Competencia: hay capacidad habitual para llevar a los hechos lo que se enuncia con palabras.

---

2. Simpson, J. A.: "Psychological Foundations of Trust", *Association for Psychological Science*, Volume 16, Number 5, págs. 264-268.
3. Hoy, W. K. y Tschannen-Moran, M.: "Five Faces of Trust: An Empirical Confirmation in Urban Elementary Schools", *Journal of School Leadership*, Volume 9, May 1999, págs. 184-208; Vodicka, D.: "The Four Elements of Trust", PL, November 2006, págs. 27-30.
4. Cook, T. E. y Gronke, P.: "The Skeptical American: Revisiting the Meanings of Trust in Government and Confidence in Institutions", *Luisiana State University*, March 2004, págs. 1-39. Harrison McKnight, D. Harrison; Choudhury, V. y Kacmar, C.: "Developing and Validating Trust Measures for e-Commerce: An Integrative Typology", *Information System Research*, Vol. 13, No. 3, September 2002, págs. 334-359.

- Veracidad: hay relación habitual de concordancia entre las palabras y las acciones.

Decir lo que se piensa o se quiere o se siente, ser capaz de ejecutar lo que se promete y ejecutarlo de manera efectiva. Tres dimensiones consecutivas de la consistencia, que si ocurren de manera habitual, en condiciones normales inspiran confianza.

En síntesis, la Marca Empleador es una representación simbólica de una suma de consistencias de una organización. Su fundamento está en su cultura, en sus prácticas de management. La estrategia de comunicación interna (y externa) es solo una de sus expresiones. Google, y otras muchas organizaciones, parecen haberlo comprendido.

Las opiniones y puntos de vista son expresiones individuales de Juan Iramain y no representan las de Citi.

ESTAMOS EN PROCESO DE CONSTRUCCIÓN DE NUEVAS FORMAS DE COMUNICACIÓN QUE IMPLICAN, ENTRE OTRAS COSAS, FEEDBACK AL INSTANTE

Analía Marta*

Regional HR Business Partner de Bayer SA

¿Incluyeron a las nuevas tecnologías como canal formal de la comunicación de contenidos estratégicos? Por ejemplo, grupos de whatsapp, grupos cerrados de Facebook, intranet, blogs, circuito cerrado de TV.

A medida que aparecen soluciones tecnológicas, la compañía va incorporando distintos canales de comunicación. En primer lugar, se comenzó desarrollando fuertemente la intranet (hace aproximadamente diez años), la que se ha ido actualizando permanentemente con nuevas aplicaciones, y evoluciona año a año con mayor información de contenido estratégico. Los negocios encontraron allí un canal

---

* Analía Marta es licenciada en Psicología, especializada en la gestión de Recursos Humanos de organizaciones de gran envergadura. Posee un perfil generalista con sólida formación y trayectoria en gestión del talento, comportamiento y cambio organizacional. Actualmente se desempeña en Bayer SA como HR Business Partner, siendo responsable de la gestión integral de Recursos Humanos. Antes, y durante casi diez años, trabajó para Petrobras Argentina SA, ocupando diversas posiciones relacionadas con el capital humano, clima y cultura organizacional. También se desempeñó en distintos cargos en Disco SA.

159

efectivo para comunicar sus rumbos estratégicos, dado que hay mayor conciencia de marcar la visión y la misión alineándonos todos en un foco común.

La intranet nos vincula también con la página global de Bayer, que nos permite conocer rumbos estratégicos globales de la compañía y, a su vez, cada área tiene su espacio en donde comparte en qué está trabajando, cuáles fueron sus logros, desafíos, etc.

Por otra parte, hace dos años implementamos grupos de chat en Telegram, fortaleciendo los vínculos de distintas redes de la empresa (por ejemplo: comunidad de líderes, comunidad por cada área, red de proyectos especiales). Con este medio se logra acceder a información en forma más dinámica y simultánea. También se eliminan barreras formales, compartiendo fotos y mensajes espontáneos.

Adicionalmente, desde hace un año pusimos en marcha un circuito cerrado de TV o cartelera digital en las máquinas de café, que tuvo gran impacto en la organización con transmisión de todo tipo de contenido. Allí se comparten cuestiones estratégicas de cada negocio, información de actualidad, acciones de Marca Empleador, recomendaciones de espectáculos, videos, etc. Asimismo, con nuestra cartelera digital disminuimos el impacto de las campañas gráficas desde la conciencia de responsabilidad social.

¿Hay una demanda diferenciada en cuanto a la información requerida por los colaboradores, de acuerdo con las distintas generaciones que conviven en la compañía?

Sí, en Bayer tenemos desde pasantes de secundario con 16 años hasta empleados de 65 años, por lo cual conviven tres generaciones en forma simultánea. Tanto es así que cada uno tiene su preferencia al momento de acceder a la información y un estilo propio de acercamiento al conocimiento organizacional. En este sentido, si bien implementamos y estamos atentos a la incorporación de la tecnología, no descuidamos canales más tradicionales pero sumamente efectivos, como reuniones presenciales, conferencias del presidente para todos los empleados. Como complemento, también mantenemos una revista interna impresa que se reparte trimestralmente en todas las sedes.

¿Tienen algún ejemplo puntual en el cual una campaña/acción de comunicación interna haya trascendido las fronteras de la compañía, aportando a la Marca Empleador en modo de recomendación dentro del entorno de los colaboradores y posicionándola como un buen lugar para trabajar?

La compañía lanzó una fuerte campaña comunicacional de Marca Empleador apalancada en el cambio cultural interno. A partir de ella, se busca mostrar a Bayer de un modo diferencial bajo la promesa de *Passion to Innovate - Power to Change*. Realizamos constantemente acciones internas bajo este lema, que promuevan este comportamiento. Por ejemplo: recolectar historias de innovación por área y filmar videos cómicos sobre cada logro.

Asimismo, convocamos a personas del mercado que tengan ganas de sumarse a nuestro desafío y que se sientan alineados a nuestra promesa de marca. Esto lo hacemos en las ferias de empleo de universidades en donde también participan representantes de los negocios. Trabajamos fuertemente en el ámbito universitario en pasantías, contamos con más de sesenta pasantes por año de distintas modalidades y convocamos a estudiantes a quienes les interese tener una experiencia en nuestra empresa.

El foco de la comunicación interna es la fidelización de los empleados. Durante los últimos años se hicieron acciones de PetFriendly en donde invitamos a las mascotas a trabajar un día con nosotros, invitación a los colaboradores a participar en Carrera Sucia auspiciada por Bayer, inscripción en campeonatos de fútbol femenino y masculino, o a través de la familia como día de pesca, colonia de vacaciones para hijos, día del jubilado, encuentros de arte, visitas de planta, charlas en escuelas técnicas. Instalamos la marca Bayer como empresa en estos distintos ámbitos y somos conscientes de que la Marca Empleador es construida entre todos. De allí la importancia de reforzar nuestra promesa mediante acciones que promuevan la fidelización de los empleados.

¿Utilizan alguna herramienta o tienen algún proceso que les permita conocer cómo los colaboradores han recibido la comunicación, qué han entendido y cómo ha impactado en su quehacer cotidiano?

Para analizar el impacto y cuáles son los canales que mejor funcionan al momento de comunicar, todos los años llevamos a cabo una encuesta de comunicación interna con el fin de recibir feedback de todos los colaboradores acerca de cómo fue su experiencia con respecto a las comunicaciones internas, cuáles son los canales más valorados y cuáles los que menos impacto tienen.

Año a año intentamos dar respuesta a las devoluciones recibidas y realizamos también benchmarking externo sobre qué se está haciendo en el mercado. En los últimos meses estamos realizando un testeo de la herramienta Workplace by Facebook ya que entendemos que lo que se viene implica una construcción de la comunicación entre todos, con retroalimentación al instante. Ya la gente no valora el email como años atrás como medio para comunicar, ahora la información está en las redes, en el intercambio, que le da mayor transparencia a la comunicación.

ANTE UNA SITUACIÓN DE CRISIS NUESTRA RESPUESTA ES: COMUNICACIÓN, COMUNICACIÓN Y COMUNICACIÓN

Miguel Premoli*

Vicepresidente Gestión de Talento PepsiCo - Europa /África Subsahariana

¿En qué medida la comunicación interna se centra en dar a conocer información sobre el negocio o a comunicar y reforzar valores de la cultura interna?

En las dos cosas. Queremos que la gente sepa los resultados globales de la organización y su región, así como las acciones que refuerzan nuestros valores. En este sentido, nuestra filosofía de "Resultados con responsabilidad" es un componente crítico de la cultura y los valores de la compañía.

---

* Miguel Premoli es vicepresidente de Gestión de Talento para Europa y África Subsahariana de PepsiCo, dando apoyo a los negocios de la compañía en más de sesenta y cinco países. La región cuenta con 50.000 empleados. Lleva más de veinticinco años trabajando en Recursos Humanos en compañías como Colgate Palmolive, Wal-Mart y Neoris Technologies, donde ha adquirido experiencia en planificación estratégica de Recursos Humanos, gestión del talento, fusiones y adquisiciones, y desarrollo organizacional. Comenzó su carrera en Argentina, de donde es oriundo, y la ha desarrollado en América Latina, América del Norte, Asia y Europa. Ha publicado artículos en numerosas revistas de Recursos Humanos y de negocios y es un ex profesor del UCEMA de Buenos Aires. Actualmente está radicado en Barcelona.

¿Utilizan canales diferenciados de acuerdo con cada tipo de comunicación?

Sí, hay algunos canales más enfocados a resultados, como las web calls, y otros más genéricos, como pueden ser newsletters, emailings y revistas, en los que tienen cabida temas más amplios. Además, para aquellas campañas que requieren una atención especial y continuidad en el tiempo también desarrollamos "hubs" o puntos de información digital a los que los empleados pueden acceder en cualquier momento y lugar.

¿Cuáles son los principales medios de gestión de la comunicación interna utilizados por la compañía? ¿Se modificaron en los últimos tiempos?

Hay un *mix* de canales y su uso varía en función del contenido, la ubicación de los asociados (oficinas/plantas/centros de venta), el área funcional o el nivel en la organización. Cada canal se utiliza con una frecuencia específica y su formato va desde los más colaborativos y de diálogo, a aquellos simplemente informativos.

Los canales han cambiado muchísimo en los últimos años. Por un lado, se apalancan más herramientas que se utilizan globalmente, pero que pueden tener contenido y lenguaje local, como las intranets, herramientas sociales y colaborativas (entre e-room y Facebook). Además, con la intención de tener mayor ancho de banda, también vemos un crecimiento importante en presentaciones usando live streaming.

¿Identifican a alguno de ellos como el más efectivo?

La eficacia hay que medirla de acuerdo con el propósito de cada canal. Nuestro análisis nos muestra que la gente se ve impactada en un 70% por la información de su unidad de negocio en particular, un 20% de la región Europa y un 10% de PepsiCo Global. En este sentido, utilizamos un *mix* de canales para llegar a satisfacer los requerimientos de cada audiencia.

¿Incluyeron a las nuevas tecnologías como canal formal de la comunicación de contenidos estratégicos? Por ejemplo: grupos de whatsapp, grupos cerrados de Facebook, intranet, blogs, circuito cerrado de TV.

Las herramientas las usamos internamente y las adaptamos a nuestras necesidades. Por ejemplo, como red social, usamos Yammer que es "el Facebook para empresas", por supuesto que también contamos con una intranet muy sólida y blogs. En cuanto a TV interna, como comentaba, utilizamos más live streaming.

¿Hay una demanda diferenciada en cuanto a la información requerida por los colaboradores, de acuerdo con las distintas generaciones que conviven en la compañía?

Creo que sí, y sobre todo estamos migrando más a lo visual. Lo que las nuevas generaciones piden es que las imágenes comuniquen y que las comunicaciones incluyan menos texto. Este hecho nos ha llevado al uso de infografías, videos y otras herramientas.

¿Tienen algún ejemplo puntual en el cual una campaña/acción de comunicación interna haya trascendido las fronteras de la compañía, aportando a la Marca Empleador en modo de recomendación dentro del entorno de los colaboradores y posicionándola como un buen lugar para trabajar?

Nos ha ocurrido en más de una ocasión. Podría mencionar la certificación Europea Top Employers. Nuestros colaboradores se sienten orgullosos del reconocimiento y quieren compartirlo en redes sociales (LinkedIn, Facebook, Twitter). Sin duda, este hecho nos posiciona como un buen lugar para trabajar. De la misma manera, la campaña de Navidad interna, en la que colaboraron el año pasado nuestros empleados, también tuvo mucha repercusión externa en medios. En esa ocasión, se trataba de hacer una donación a cambio de la cual PepsiCo entregaba al empleado una bolsa con productos. Los fondos recaudados fueron íntegramente destinados a la ONG Educo, en España, y a Aldeias SOS, en Portugal.

Si la compañía atravesó una crisis, ¿de qué modo contribuyó la comunicación interna a revertir la percepción de la situación generada por los rumores?

Ante cualquier situación de crisis nuestra respuesta siempre es: comunicación, comunicación y comunicación. Cuando comunicas de forma clara y transparente, consigues acallar rumores de pasillo y especulaciones que no llevan a ninguna parte.

¿Cuál de los canales/medios utilizados es el que genera mayor retroalimentación por parte de los colaboradores?

No depende tanto del canal sino del contenido o temática que se trata. A veces se generan diálogos cotidianos alrededor de un artículo (disponemos de una sección de comentarios en la parte inferior de cada uno de ellos), pero también se ha dado la situación de tener extensos turnos de preguntas y respuestas durante webcalls o reuniones.

¿Se traducen las propuestas de los colaboradores en acciones concretas generadoras de cambio?

Por supuesto, la comunicación se tiene que producir de manera bidireccional. La última vez se produjo a raíz de la encuesta de clima organizacional, gracias a la cual encontramos que nuestros colaboradores demandaban soporte en la gestión de su carrera profesional dentro de PepsiCo. Esto se ha traducido en una iniciativa denominada "Carrer Week" en la que cada país organiza eventos de todo tipo que dan la oportunidad a los empleados de conocer todas aquellas herramientas de las que disponen para la gestión de su trayectoria en la compañía.

Dentro de tu estilo de comunicar, ¿hay algún aspecto que cuides obsesivamente o que consideres que no puede fallar?

La claridad y la transparencia son claves para una comunicación efectiva. Estos son los dos aspectos que considero que no pueden fallar en ninguna organización.

¿Utilizan alguna herramienta o tienen algún proceso que les permita conocer cómo los colaboradores han recibido la comunicación, qué han entendido y cómo ha impactado en su quehacer cotidiano?

No podemos medir el impacto de absolutamente todas nuestras comunicaciones, pero sí contamos con algunas herramientas que nos permiten extraer datos como porcentajes de apertura de emails, visitas a artículos y materiales determinados o duración de las visitas a la intranet. Recogemos este tipo de información de manera mensual a nivel europeo, y por supuesto que tiene un impacto en las decisiones futuras. Por ejemplo, gracias a estas mediciones sabemos que el contenido multimedia es muy bien recibido por nuestros empleados y de ahí se explica nuestra tendencia a este tipo de formatos más visuales y de rápido consumo.

Las opiniones y puntos de vista son expresiones individuales de Miguel Premoli y no representan las de PepsiCo.

GESTIONAR COMUNICACIÓN ES GESTIONAR LA CULTURA ORGANIZACIONAL

Lázaro Quintín*

Gerente de Comunicación Institucional del Grupo Arcor

¿En qué medida la comunicación interna se centra en dar a conocer información sobre el negocio o a comunicar y reforzar valores de la cultura interna?

Para la gestión de la comunicación interna, tanto la información del negocio como los valores de la cultura de la compañía son sumamente importantes, en la medida en

---

* Lázaro Quintín es licenciado en Ciencias de la Comunicación con Orientación en Opinión Pública y Publicidad de la Universidad de Buenos Aires y cuenta con una maestría en Gestión de la Comunicación en las Organizaciones de la Universidad Austral. Cuenta con más de diez años de trayectoria en el Grupo Arcor, donde comenzó su carrera profesional desarrollando varias funciones dentro del área de comunicación institucional. Actualmente se desempeña como gerente de Comunicación Institucional y tiene a su cargo la gestión de la comunicación interna y externa de la compañía. Participó en la comisión de las campañas de bien público "Respetuosa Argentina" y "Hacer contagia" del Consejo Publicitario Argentino. Desarrolló diferentes proyectos y campañas que fueron ganadores de 13 premios Eikon a la excelencia en la comunicación institucional en 2013, 2014, 2015 y 2016 entre los que se destacan: Premio de oro por "Campaña Marca Empleadora 'Grupo Arcor. Tenés una empresa por delante'" (2016) - Premio de oro por el video institucional Grupo Arcor (2016) - Premio de plata por la campaña "Nueva Filosofía Corporativa Grupo Arcor" (2016) - Premio de oro por la campaña "Mes del Celíaco" (2015) - Premio de oro por la campaña "15 años de Ecoeficiencia" (2014) - Premio de plata por "Estrategia digital institucional: escuchar, responder y hacer" (2014) - Premio de oro por "Memoria & Balance y Reporte de Sustentabilidad" (2013).

que contribuyan a cumplir los objetivos que se propone la organización.

Los miembros de una compañía deben estar informados sobre el propósito, la misión y la visión del negocio al cual pertenecen, las novedades y la realidad que transita esa institución. En este sentido, si todos los colaboradores están bien informados y actúan con los mismos objetivos, sus esfuerzos se concentran en una misma dirección y no son contradictorios. Asimismo, mantener correctamente informados a los colaboradores evita los "ruidos", malentendidos, desinformación y rumores que pueden afectar al clima de la organización.

Por otro lado, la cultura, los valores y el ADN de la compañía son aspectos clave que influyen en la adaptabilidad de los miembros al entorno de la organización. Por eso, una buena gestión de comunicación que esté basada en la cultura interna va a contribuir a que el accionar de cada colaborador se adapte al "modo de ser y hacer" de la organización. Todas las formas de hacer, la historia, mitos, costumbres y rituales que forman parte del entramado cultural de una organización deben estar reflejados en su comunicación interna. Gestionar comunicación, en definitiva, es gestionar la cultura organizacional. La comunicación y la cultura de una organización no son aspectos separados, van de la mano. O, dicho de otro modo: la efectiva gestión de una cultura organizacional necesariamente requiere de una excelente gestión de comunicación interna. Asimismo, lo que las personas hacen y dicen, y su comportamiento en general, también genera cambios en la cultura, dado que esta es dinámica y se va modificando a medida que cambia la sociedad. La comunicación interna no puede quedarse atrás, debe acompañar dichos cambios.

¿Utilizan canales diferenciados de acuerdo con cada tipo de comunicación?

Efectivamente, en Arcor tenemos canales diferenciados para cada tipo de comunicación y para cada público, que tienen el fin de abarcar a todos los colaboradores. Los mensajes que la organización dirige a sus miembros tienen que concretarse a través del canal más adecuado para dicho mensaje. En algunos casos una actividad vivencial y participativa es necesaria para despertar interés y lograr conciencia sobre alguna temática específica que requiere más atención y profundidad. En otros casos, un simple newsletter es efectivo. Antes de realizar una comunicación, la clave es situarse en el lugar del público al que le estamos hablando, en su experiencia diaria, en cómo son sus tiempos, y la manera en que interactúa con los contenidos de los mensajes.

Para decidir el tipo de comunicación y el canal más adecuado, tenemos que preguntarnos qué queremos lograr con cada comunicación. Esta pregunta no debe faltar nunca. Tenemos que pensar de antemano si lo que queremos es simplemente informar sobre una temática, reforzar algún valor que para la organización es importante, inspirar, motivar, generar algún cambio o que las personas realicen alguna acción determinada.

En muchas oportunidades lo que define la elección del canal es la necesidad de inmediatez de esa comunicación. Cuando el comunicado requiere que todos los miembros de la organización tengan conocimiento lo antes posible sobre una noticia, hay que utilizar el canal más rápido y con mayor penetración posible.

Sin embargo, para algunos casos, la comunicación cara a cara sigue siendo la más efectiva. La posibilidad de tener feedback inmediato y no mediatizado es ideal para temas que requieren mayor discusión o debate.

¿Cuáles son los principales medios de gestión de la comunicación interna utilizados por la compañía? ¿Se han ido modificando en los últimos tiempos?

En Arcor contamos con diferentes medios de gestión de la comunicación interna que tienen el objetivo de llegar a nuestro público interno, muy diverso entre sí y disperso en diferentes partes del mundo.

Nuestra gestión de comunicación interna está planificada a través de nuestra red de referentes de cada una de las áreas. Es una modalidad de trabajo en red que permite contar con personas responsables de comunicación en todas las bases que tiene la compañía. De esta manera, se logra no solo una descentralización del área responsable de comunicaciones internas, sino que también la gestión resulta siendo mucho más efectiva, al tener una persona en cada lugar que está en constante interacción con cada comunidad local.

Uno de nuestros principales medios de gestión es la intranet corporativa. Por su naturaleza digital es una plataforma interactiva, participativa, dinámica. Permite comunicar piezas de diferente formato, tales como videos, banners e imágenes, entre otras. Además es una herramienta valiosa porque consolida mucha información relevante para todos los colaboradores. Por otro lado, también contamos con nuestra revista *Tiempo de Encuentro*, que llega a todos los colaboradores del mundo, accionistas y distribuidores. De manera complementaria tenemos carteleras en las oficinas y plantas industriales, y el mailing como herramienta para comunicados. Asimismo, por una necesidad que partió de las diferentes unidades de negocio de generar mayor sentido de pertenencia y mejor vinculación entre sus colaboradores, desarrollamos revistas específicas para cada unidad de negocio llamadas *Nuestra gente*, con información de interés de cada negocio.

En los últimos tiempos fuimos incorporando diversas herramientas de comunicación digital que son valiosas en la gestión de la comunicación interna en cuanto a la posibilidad que brindan para escuchar y analizar a la audiencia. Interactuar y conversar con el público interno es sumamente enriquecedor. En definitiva, la comunicación siempre es interacción y no unidireccionalidad. Mantener una escucha activa con el público permite reorientar mensajes, adaptar discursos, entender necesidades, interpretar y superar barreras de comunicación. Además, la posibilidad de medir el alcance, satisfacción y participación de todas las campañas, publicaciones y mensajes permite conocer el grado de efectividad que está teniendo la gestión de comunicación interna dentro de una compañía.

Todos los medios de la compañía, el contenido producido y el estilo de comunicación que desarrollamos fueron modificándose porque los modelos de comunicación en las organizaciones tienen que ser dinámicos y adaptarse a los cambios que se produzcan en la sociedad. Actualmente estamos en un proceso de repensar la estrategia de comunicación interna. Buscamos priorizar ante todo el valor que tienen los medios de comunicación en la vida de las personas, los cambios ocurridos en sus hábitos y modos de interactuar con dichos medios y cómo desde Arcor podemos incorporarlos. De esta manera, queremos humanizar aún más las comunicaciones y que sean las personas las que comuniquen como referentes de cada tema, en lugar de que las áreas o la institución comuniquen de manera directa. El hecho de que sean las personas las que produzcan el contenido resulta mucho más enriquecedor y participativo.

¿Identifican a alguno de ellos como el más efectivo?

Sin dudas, nuestra intranet corporativa, lanzada hace 10 años y optimizada hace tres, es el medio de comunicación por excelencia y representa el punto de contacto entre todos los colaboradores. Por su naturaleza digital e inmediatez, permite que el flujo de información circule muy rápido en cualquier parte del mundo. Es un sitio digital interactivo que cuenta con diferentes secciones, novedades, información y publicaciones para descargar. Es una plataforma participativa que funciona como comunidad y cumple con un rol social, permitiendo a cada usuario hacer comentarios en todas las publicaciones e interactuar con el contenido.

También contamos con la revista *Tiempo de Encuentro*, que fue el primer medio de comunicación interna y tiene una marca institucional muy fuerte. Es el medio más histórico y tradicional que tenemos. Se realizan tres ediciones al año y sigue siendo una publicación sumamente valorada, principalmente por colaboradores que no tienen acceso a la intranet constantemente, ya sea porque sus lugares de trabajo se encuentran en una planta industrial o porque desarrollan tareas fuera del alcance de una computadora. Lo interesante de esta publicación, es que en muchos casos su proceso de lectura se desarrolla en el hogar de los colaboradores junto con su familia.

Por otro lado, en Arcor se desarrollan encuentros de comunicación interna, todos los meses en cada base. Si bien no es un medio en sí, es un espacio de comunicación con una dinámica muy instalada en la compañía y sumamente eficaz para el diálogo entre los miembros de las comunidades locales.

¿Incluyeron a las nuevas tecnologías como canal formal de la comunicación de contenidos estratégicos? Por ejemplo, grupos de whatsapp, grupos cerrados de Facebook, intranet, blogs, circuito cerrado de TV.

Lógicamente, la efectividad de cada medio va cambiando. La comunicación interna de las organizaciones no es ajena a los cambios producidos en las tecnologías y las nuevas formas de comunicación de la sociedad en general. El desafío de siempre es llegar con los mensajes a nuestros públicos, y por eso tenemos que adaptarnos constantemente.

En el caso de Arcor, la intranet corporativa es la herramienta de comunicación interna más importante que tenemos en cuanto a "nueva tecnología". Por otro lado, recientemente incorporamos una herramienta digital que permite enviar banners, videos o mensajes del estilo *pop-up* a todos los colaboradores de manera inmediata y automática para que se reproduzcan simultáneamente en todas las computadoras. Esto lo utilizamos cuando la comunicación tiene un nivel alto de importancia. También tenemos herramientas que permiten armar grupos colaborativos para trabajar en proyectos específicos. Algo sumamente importante que permiten las herramientas digitales es la posibilidad de medición de nuestras campañas.

De todas maneras, en Arcor seguimos explorando nuevos caminos, no solo en cuanto a las nuevas tecnologías sino también en cuanto al modelo de comunicación y cultura organizacional, porque creemos que ambos van de la mano. De nada sirve implementar nuevas tecnologías en una compañía que culturalmente no está preparada o familiarizada con ellas. Hay que encontrar el modelo adecuado para los colaboradores de cada organización. El gran desafío sigue siendo cómo interactuamos con el público cuando están realizando muchas otras tareas al mismo tiempo y recibiendo otros estímulos.

¿Hay una demanda diferenciada en cuanto a la información requerida por los colaboradores, de acuerdo con las distintas generaciones que conviven en la compañía?

Si bien en Arcor conviven tres generaciones, no vemos de manera tangible una demanda diferenciada en cuanto a la información requerida. Podría decirse que cada generación tiene sus aspiraciones, habilidades, motivaciones y necesidades particulares. Interactúa de manera diferente con los diversos tipos de comunicación que realizamos, pero esto no difiere mucho de lo que sucede en nuestra sociedad con cada generación.

En este sentido, consideramos que el gran desafío de la comunicación interna es poder movilizar a todas las generaciones que conviven en una misma compañía, despertar el interés en los temas de mayor relevancia y lograr el involucramiento de todo el público. Por otro lado, hay ciertos saberes, habilidades y conocimientos que caracterizan a cada generación y representan un valor que la organización tiene que saber capitalizar a través de capacitaciones cruzadas entre las diversas generaciones, especialmente en aspectos de comunicación y nuevas tecnologías.

¿Tienen algún ejemplo puntual en el cual una campaña/acción de comunicación interna haya trascendido las fronteras de la compañía, aportando a la Marca Empleador en modo de recomendación dentro del entorno de los colaboradores y posicionándola como un buen lugar para trabajar?

La realidad actual indica que vivimos en una hiperconexión permanente y el acceso a la información es más rápido y fácil. Si bien esto no implica que estemos más comunicados, constantemente estamos expuestos a estímulos permanentes, y a su vez, como usuarios de las herramientas digitales, podemos producir contenido, viralizar e interactuar.

La frontera entre la comunicación interna y externa es cada vez más borrosa y tiende a ser inexistente. Muchos mensajes, campañas y acciones que se realizan de manera interna trascienden las fronteras porque los colaboradores de una compañía están en constante interacción con el mundo externo. Esto se acentuó, lógicamente, por el acceso de las personas a las nuevas tecnologías de comunicación y a las redes sociales que motivaron cambios sustanciales en el público, pasando a tener un rol más participativo y como generador de contenido. En este sentido, el alcance de la gestión de la comunicación interna no termina en los límites de la organización. Su influencia va más allá. Obliga a los responsables de su gestión a ser sumamente cautos en los mensajes, porque el poder de circulación de la información y la facilidad para generar contenidos virales pueden convertirse en un aspecto peligroso.

En Arcor tenemos muy en cuenta esta doble dimensión de la comunicación institucional (interna y externa), por eso solemos pensar muchas campañas de manera integral.

La última campaña institucional con motivo del 65° aniversario de Arcor, "Juntarnos nos hizo crecer" fue una campaña interna/externa. Precisamente, tuvo el objetivo de convocar historias de personas que tuvieran algo que ver con Arcor o con alguna de sus marcas. Todas fueron historias que trascendieron las fronteras entre lo interno y lo externo. Hubo historias de empleados, ex empleados, consumidores, proveedores, distribuidores, pero todas transmitían los mismos valores de la empresa. Las mejores historias, algunas provenientes del público interno y otras del externo, se convirtieron en el contenido para la campaña. Es decir, se realizaron piezas gráficas, digitales y audiovisuales con esas historias. Esta manera de co-crear contenido es lo que siempre estamos buscando en Arcor.

Finalmente, la acción no solo logró dar a conocer el aniversario de Arcor y los valores de la empresa comunicados a través de las historias del propio público, sino que también se transformó en una campaña de Marca Empleador. Las historias y comentarios del público externo mencionaban a la compañía como un lugar en el que se aspira trabajar. Asimismo, las personas que trabajaban en Arcor resaltaban el orgullo que se siente de trabajar en una compañía con estos valores.

Como resultado, diferentes atributos que hacían referencia a la empresa fueron mencionados por el público espontáneamente, logrando convertir la campaña aniversario en una campaña de Marca Empleador, a pesar de que este no era uno de sus objetivos iniciales.

Dentro de tu estilo de comunicación, ¿hay algún aspecto que cuides obsesivamente o que consideres que no puede faltar?

Hay un aspecto que considero que nunca puede faltar: la pregunta sobre qué queremos lograr con cada comunicación o cuál es su objetivo. En todas las áreas de comunicación interna siempre tenemos que hacer esta pregunta. Cada comunicación que hacemos tiene que cumplir un objetivo o propósito que debe estar claro de antemano. Esto, que al parecer es obvio, en ciertas oportunidades no lo es. Otro aspecto al que tenemos que prestar especial atención es la relevancia del mensaje. Aquello que no es relevante y de interés para alguien no es comunicado de manera eficaz. Por eso tenemos que pensar constantemente en cómo lograr desde las piezas de comunicación despertar ese interés por el tema en cuestión e interpelar al público. Comunicar significa, en cierta medida, participar en la vida de las personas.

A nivel personal soy muy cuidadoso con no sobrecargar de información las comunicaciones que hacemos. Transmitir información no es comunicar. A veces cometemos el error de querer explicar todo en un JPG y esto es perjudicial para nuestra gestión de comunicación, y corremos el riesgo de que nuestra audiencia rechace esos mensajes. Valoro mucho la simpleza y el contenido "líquido" del mensaje. En un contexto de sobreinformación e "infoxicación", como muchos la llaman, la simpleza y el poder de síntesis son un valor.

Transformar los grandes volúmenes de información que muchas veces quieren transmitir las diferentes áreas con mensajes inspiradores, simples, concretos, que funcionen como disparadores desde el primer punto de contacto con el público, que despierten el interés y eventualmente motiven a realizar una acción, ese es el desafío.

¿Utilizan alguna herramienta o tienen algún proceso que les permita conocer cómo los colaboradores han recibido la comunicación, ¿qué han entendido y cómo ha impactado en su quehacer cotidiano?

La instancia más completa para evaluar la gestión de comunicación y saber si todas las campañas que hicimos fueron efectivas es la Encuesta de Clima Organizacional. Si bien es una encuesta más general que abarca otros aspectos además de la comunicación interna, es interesante observar los resultados a nivel macro que tiene la organización, tales como el grado de satisfacción, clima y compromiso de los colaboradores con la compañía. Es un termómetro que nos permite conocer dónde estamos parados.

Asimismo, de manera más periódica se realizan todos los meses encuentros locales de comunicaciones internas en cada base que son muy valorados por todos los colaboradores. Es un espacio de conversación donde podemos conocer cómo impactaron las comunicaciones y qué podemos mejorar. Además, se realiza un encuentro anual de comunicación interna con todos los referentes de comunicación del Grupo Arcor.

Por último, a través de nuestra intranet tenemos la manera de medir el grado de participación e interacción de todas las comunicaciones, analizar los comentarios de cada publicación, conocer el impacto y compromiso de cada acción.

Más allá de estas preguntas, ¿hay alguna experiencia vivida en tu actual compañía o en otra que te haya marcado, que la hayas sentido como una gran experiencia de aprendizaje?

Me tocó participar del desarrollo de la Marca Empleador de Arcor –que aún no estaba trabajada estratégicamente en la compañía– y fundamentalmente de la campaña de comunicación para atraer y retener talentos. El primer gran desafío fue desarrollar la identidad de la marca y la propuesta de valor de la empresa hacia sus posibles empleados.

Arcor debía construir su identidad desde su rol de empleador para que todos sus esfuerzos y acciones fueran percibidos y reconocidos por sus diferentes grupos de interés. Existía una necesidad de atraer, motivar y retener talentos, y la ventaja competitiva que eso mismo conlleva. Nos hicimos varias preguntas: "¿Qué le atrae de una empresa a los jóvenes cuando buscan trabajo? ¿Cuáles son sus motivaciones? ¿Es Arcor una compañía atractiva para las nuevas generaciones que se insertan en el mercado laboral?".

El proceso de trabajo comenzó en 2015 y atravesó distintas etapas que permitieron tener un diagnóstico claro sobre los intereses y las motivaciones de los jóvenes al momento de buscar trabajo. Se identificaron las motivaciones principales del público joven en relación con el mundo del trabajo; aquello que los inspiraba, los desafíos, intereses de desarrollo, etc. Los resultados también permitieron comprobar que muchas de las motivaciones de los jóvenes están presentes en el ADN del Grupo Arcor, tales como: su condición de empresa argentina de trayectoria que tiene presencia en diversos países y diferentes negocios, la búsqueda permanente de la innovación y la apuesta por nuevos proyectos.

El análisis de todos esos datos ayudó a pensar cómo conciliar las motivaciones de las nuevas generaciones con los valores que conforman la identidad del grupo. La comunicación de la Marca Empleador debía transmitir los aspectos propios de Arcor que resultaran interesantes en el mercado laboral.

Entonces, el principal objetivo de este proyecto fue construir la identidad de la Marca Empleador del Grupo Arcor y desarrollar una campaña de comunicación institucional para promover los programas de Jóvenes emprendedores y pasantías.

Con el eslogan "Grupo Arcor. Tenés una empresa por delante", la campaña se lanzó a fines de 2015 y estuvo apuntada a estudiantes y graduados universitarios de distintos puntos del país. El despliegue de dicha campaña tuvo muy en cuenta al target, por lo que hubo una fuerte presencia en medios digitales, portales informativos y de búsquedas laborales, redes sociales y medios masivos de comunicación. Los protagonistas de la campaña eran jóvenes profesionales del Grupo Arcor que contaban en primera persona su experiencia en la compañía. Como resultado, a lo largo de varios meses se evaluaron los perfiles de quienes se interesaron en la propuesta y, finalmente, 20 jóvenes emprendedores se incorporaron a la compañía.

A través de la campaña implementada se logró conformar una propuesta de valor de la empresa hacia sus posibles empleados, a través de un discurso y una identidad de marca empleadora que movilizó al target y generó una amplia convocatoria de jóvenes profesionales y pasantes. Además, se lograron muchas repercusiones de la campaña en medios masivos. Todo el trabajo se presentó en los premios Eikon a la excelencia en comunicación institucional y obtuvo el primer puesto en la categoría "Comunicación de identidad corporativa".

COMUNICACIÓN INTERNA Y LA GESTIÓN DE CONVERSACIONES FRANCAS

Andrés Romagnoli*

Gerente de Comunicaciones Internas y Proyectos en Acindar Grupo ArcelorMittal

¿Cuáles son los principales medios de gestión de la comunicación interna utilizados por la compañía? ¿Se han ido modificando en los últimos tiempos?

El menú de medios internos en Acindar incluye intranet, la red de TV interna, un newsletter mensual vía mail, una sección para empleados en la página web y un grupo cerrado en Facebook, entre otros. Cada uno tiene un foco específico en algún público particular y han requerido adaptaciones teniendo en cuenta los hábitos de consumo de información de las nuevas generaciones.

¿Identifican a alguno de ellos como el más efectivo?

Aún hoy, en todas nuestras encuestas internas, el vehículo de comunicación preferido por las personas sigue siendo

---

* Andrés Romagnoli es licenciado en Comunicación Social (Universidad Nacional de Rosario) y magíster en Gestión de la Comunicación en Organizaciones (Universidad Austral). Además se ha especializado en Gestión de la Responsabilidad Social Empresaria (IARSE) y ha sido certificado como coach ontológico (Newfield). Cuenta con más de quince años de experiencia en la compañía, habiendo iniciado la gestión de comunicaciones internas local y coordinado esta función a nivel regional. En su paso por Recursos Humanos tuvo a su cargo la gerencia de Desarrollo y Capacitación, además de la coordinación de proyectos de mejora de las relaciones con *stakeholders* clave. En la actualidad es gerente de Comunicaciones Internas y Proyectos en Acindar Grupo ArcelorMittal.

la instancia cara a cara con el jefe. En este sentido, las comunicaciones en cascada son ya un canal consolidado en la gestión de Acindar. Comenzamos en 2001, un momento crítico para la compañía –y para el país– comunicando la situación de urgencia que se vivía por la caída de las ventas y la imposibilidad de exportar. En ese momento era clave que todos estuviéramos al tanto de lo que ocurría. Sin embargo, también en los años siguientes, cuando la situación se revirtió, la Dirección quiso sostener esas reuniones, apostando a la transparencia de la gestión y al involucramiento de las personas.

Desde entonces y ya hace más de quince años, en esta instancia trimestral el CEO presenta los resultados, perspectivas, proyectos y mensajes clave a los directores y gerentes. Ellos luego los replican en sus equipos de trabajo, hasta llegar a todos los colaboradores. Para estas reuniones cada gerente o jefe adapta el material base, sumando información relevante para las personas de su sector, y se fomenta el diálogo mediante preguntas y respuestas. Estas instancias tienen una medición con una encuesta, tanto de la satisfacción como de la comprensión y efectividad, con valores que se mantienen altos en todos los casos.

¿Incluyeron a las nuevas tecnologías como canal formal de la comunicación de contenidos estratégicos? Por ejemplo, grupos de whatsapp, grupos cerrados de Facebook, intranet, blogs, circuito cerrado de TV.

Estamos viviendo un momento de transición en los canales de comunicación interna de Acindar. El recambio generacional, la necesidad de mayor velocidad, interacción y eficiencia en el uso de los recursos nos hizo replantear nuestra oferta de medios internos. El estereotipo de operario promediando los 50 años, con anteojos y dificultades para comprender los textos de las carteleras ha cambiado radicalmente.

Este año pasamos las carteleras al museo, con la implementación progresiva de la red de TV interna que venimos desarrollando desde hace varios años, primero más artesanalmente y hoy con una gestión centralizada y posibilidades de agregar contenidos también desde los diferentes sectores.

Nuestra producción de contenidos audiovisuales ha crecido exponencialmente en los últimos dos años, tanto para la TV interna como para intranet y Facebook. Sin pretensiones de productora, con un equipo sencillo –cámara, trípode y micrófono– logramos plasmar, de boca de los mismos protagonistas, los proyectos, eventos y la realidad del trabajo tanto en las áreas industriales como en las administrativas y comerciales. Estos contenidos, junto con información general como las tapas de los diarios, son continuamente actualizados mediante un software que permite incluso segmentarlos en cada pantalla. Hoy contamos con 10 pantallas en diferentes plantas administradas centralmente y otro tanto a través de los sectores.

Así, con la TV interna, una sección para empleados en la web y un grupo cerrado en Facebook estamos reemplazando aquellas antiguas carteleras que literalmente "juntaban polvo". Algo similar planteamos con la revista interna, relanzando un newsletter digital por email. Hoy los operarios tienen smartphones y no se paran a leer nada que no sea visualmente atractivo, dinámico, siempre actualizado y pensado para ellos.

Usamos también grupos de whatsapp para públicos gerenciales o de jefatura, como una herramienta para llegar velozmente con avisos breves o consultas, en especial sobre temas de relaciones laborales.

Si la compañía atravesó una crisis, ¿de qué modo contribuyó la comunicación interna a revertir la percepción de la situación generada por los rumores?

Este año de transición en la economía del país ha tenido un fuerte impacto en las plantas. Por las menores ventas hemos tenido que parar instalaciones, con suspensiones, reducción de servicios de terceros y una programación muy cambiante de las operaciones, con todo lo que eso trae aparejado en la vida de las personas.

Previendo esto, ya desde el inicio del año, para la primera cascada hicimos una convocatoria más amplia –sumando los reportes de los gerentes– de manera de tener una masa crítica mayor que accediera al mensaje en primera persona. Preparamos meticulosamente el mensaje y las formas en las que el CEO hizo esa comunicación. Intentamos homogeneizar la información y el tono con el que pretendíamos llegar a todos, conscientes del impacto en el humor en toda la organización. También este año incluimos en la TV interna y en los newsletters mensuales información sobre el contexto y sobre la situación de los principales rubros de nuestros clientes para conectar nuestra situación con el entorno en el que operamos.

Dentro de tu estilo de comunicar, ¿hay algún aspecto que cuides obsesivamente o que consideres que no puede fallar?

En las instancias de comunicación cara a cara, mi experiencia es que no se puede dejar ningún aspecto librado al azar. Tener bien claro el objetivo de comunicación es fundamental; esto es, cómo quiero que las personas salgan de esta sala, qué me gustaría que comenten en los pasillos y aún más, qué espero que hagan cuando regresen a su trabajo. Para esto la preparación del contenido es muy importante, pero es igualmente importante definir el tono, las formas, los ejemplos que se van a utilizar. Por eso no hay que subestimar el trabajo previo con quien va a llevar adelante la comunicación y, por mejor orador que sea, hacer un *rol playing*, ponerse en "abogado del diablo" para pulir y ajustar todo lo necesario con el fin de alcanzar los objetivos definidos. Me atrevo a decir que en esta preparación se juega el 80% de la efectividad de la comunicación.

¿Utilizan alguna herramienta o tienen algún proceso que les permita conocer cómo los colaboradores han recibido la comunicación, qué han entendido y cómo ha impactado en su quehacer cotidiano?

Existen diferentes instancias de medición de la efectividad de la comunicación. En las comunicaciones en cascada, por ejemplo, las encuestas nos muestran cuán al tanto estaban las personas de determinado tema y cuánto supieron a partir de la reunión con sus jefes, así como también cómo se sintieron en términos de involucramiento y motivación.

Además, periódicamente tenemos encuestas de clima que por segmentos evalúan la satisfacción de las personas respecto de los medios internos, la comunicación de los jefes, así como en torno a la oportunidad y credibilidad de las comunicaciones que reciben.

¿Tienen algún ejemplo puntual en el cual una campaña/acción de comunicación interna haya trascendido las fronteras de la compañía, aportando a la Marca Empleador en modo de recomendación dentro del entorno de los colaboradores y posicionándola como un buen lugar para trabajar?

La campaña que internamente denominamos "Orgullo" surgió por la inquietud de mostrar personas que sobresalían en su puesto de trabajo por su compromiso y su responsabilidad, haciendo hincapié en el aporte destacado del resultado final que implica un cliente satisfecho, un edificio hecho con nuestro acero, etc.

Está focalizada en operadores de áreas industriales seleccionados entre las personas reconocidas como operadores destacados de su sector en los últimos años, y concretamente se trata de una serie de entrevistas, en sus puestos, para que cuenten los aspectos de los que se sienten orgullosos en cuanto a su trabajo diario.

Estas entrevistas son luego replicadas en nuestros medios internos pero también en la comunidad de Villa Constitución –donde funciona la planta principal de Acindar– mediante la *Revista Comunidad* impresa con los diarios locales o en su versión en redes sociales en www.facebook.com/revistacomunidad reforzando en la región los valores presentes en estas personas que Acindar fomenta y reconoce.

LA COMUNICACIÓN DEBE SER CLARA, TRANSPARENTE Y OPORTUNA

Mariana Talarico*
Gerente Regional de Recursos Humanos para Latinoamérica
en Natura Cosméticos SA

¿En qué medida la comunicación se centra en dar a conocer información sobre el negocio o a comunicar y reforzar valores de la cultura interna?

En Natura promovemos la cercanía, comunicación y vínculo entre los gestores (directores, gerentes o coordinadores con gente a cargo) y colaboradores. Periódicamente, los gestores se reúnen con sus equipos para alinear infor-

---

*   Mariana Talarico es gerente regional de Recursos Humanos para Latinoamérica en Natura Cosméticos SA, y responsable de la estrategia de Gestión de Personas para los cinco mercados de Latinoamérica: Argentina, Chile, Perú, Colombia y México. Encabeza el planeamiento estratégico liderando a su equipo en el diseño, desarrollo e implementación de estrategias corporativas, procesos y proyectos innovadores para acompañar el dinamismo del negocio y el desarrollo de los colaboradores de Natura. Licenciada en Administración de Empresas (UCA), cuenta con un posgrado en marketing (UCA) y una maestría en Coaching Organizacional (USAL). Ingresó a Natura Cosméticos en 2010 como gerente de Capacitación Comercial para Latam. Luego, en 2013, asumió la posición de gerente de Recursos Humanos en la operación de Argentina y Directoría Internacional. Posteriormente, en 2014, fue promovida a la posición que ocupa actualmente. Antes de ingresar a Natura se había desempeñado como responsable de Comunicación, Capacitación y Desarrollo de Canales de Venta en Zurich Argentina Compañía de Seguros SA (2007-2010), y fue Responsable de Marketing en Cardif Seguros SA (compañía de seguros del Grupo BNP Paribas) en 2006-2007.

mación relevante sobre la estrategia del negocio y el impacto en el área.

También realizamos encuentros con colaboradores un día por año, donde se reúnen todos los colaboradores administrativos para conocer los resultados y desafíos de la estrategia. Y, mensualmente, realizamos encuentros presenciales de dos horas para compartir las principales novedades de las áreas con quienes están a cargo de cada una de ellas.

A su vez, contamos con una estrategia de Comunicación Interna (CI) que apunta a construir la propuesta de valor de la Marca Natura y sus diferencias, diseminar el plan estratégico de Natura, informar, comprometer/relacionar (generar un espacio de conexión y diálogo), prestar servicio, estimular la visión de empresa global, entre otros desafíos.

Nuestra comunicación interna tiene por misión "compartir información relevante, oportuna y precisa para la toma de decisiones y el relacionamiento" de nuestros colaboradores. La estrategia se basa en la construcción de una conexión entre el colaborador y la empresa, compartiendo información en función de lo que el colaborador necesita saber para realizar su trabajo diario (procesos, resultados, estrategia, propuesta de valor, cultura) y lo que el colaborador *quiere* saber sobre las personas y áreas de Natura (historias, redes, encuentros, celebraciones).

La estrategia parte de las siguientes premisas: el colaborador tiene acceso diferenciado a la información, debe conocer los contenidos complementarios/exclusivos, debe generar oportunidades de participación y garantizar la expresión del lenguaje de marca.

¿Utilizan canales diferenciados de acuerdo con cada tipo de comunicación?

La comunicación interna se basa en cuatro focos: personas, comportamiento empresarial, productos y canal de ventas. Cada foco nuclea una serie de temas y mensajes corporativos que acompañan procesos establecidos para su adaptación y vehiculización.

¿Cuáles son los principales medios de gestión de la comunicación interna utilizados por la compañía? ¿Se han ido modificando en los últimos tiempos?

Nuestros vehículos de comunicación interna están pensados para abarcar la información y, por supuesto, las relaciones con los colaboradores. Estos son nuestros principales vehículos.

- Mailing: diario. Se envían hasta tres por días en función de las necesidades. Destinatarios: todos los públicos o segmentados para gerentes, administrativos o fuerza de venta.
- Intranet: diario. Se actualiza en función de las novedades. Destinatarios: todos los públicos. Hay secciones especiales para la fuerza de venta, la que cuenta con formato *responsive* para celular.
- Murales digitales: semanal (se actualiza los días miércoles). Destinatarios: todos los públicos.
- Wallpapers: a demanda. Destinatarios: todos los públicos.
- Newsletter: semanal (se actualiza los días viernes). Destinatarios: todos los públicos.

Un párrafo aparte merecen nuestra red de voceros y los Encuentros SéNatura.

Nuestra red de voceros está formada por un representante de comunicación interna de cada área, por lo que actúan como un nexo clave de información + relación en cada área, siendo la voz oficial y formal de la empresa. Su rol es triple: reforzar con mayor eficiencia la información específica de Natura a sus áreas, compartir información clave de sus áreas con toda la compañía, transmitir feedback en sentido horizontal entre las áreas y la empresa acerca de noticias puntuales.

Los voceros brindan un apoyo y ayudan a humanizar las comunicaciones de nuestra estrategia respecto a la esencia, cultura, buenas y malas noticias, siempre acompañados por el equipo de CI y su gestor. Nuestros líderes acompañan y son acompañados diariamente por nuestros voceros.

La gestión de la red la realiza CI, pero depende 100% del involucramiento del vocero, su gestión y compromiso con el área en compartir información. Mensualmente se realizan reuniones de pauta en las que se proponen temas a compartir para los próximos meses, se revisan temas específicos sobre los cuales se pide feedback a la red y se abren espacios de creación conjunta con ellos para definir estrategias de comunicación y analizar propuestas de Recursos Humanos concretas.

Los Encuentros SéNatura son espacios presenciales de dos horas que se realizan mensualmente en las oficinas de Natura. Dada la dinámica del negocio, asiste principalmente público administrativo, pero la fuerza de venta participa cada vez que puede o está cerca de las instalaciones.

El propósito de este encuentro es compartir en forma directa las principales novedades del negocio, tendencias y propuestas de cada área. Para ello, se invita a través de los voceros a las áreas para que propongan y presenten temas, que luego son aprobados en comité para armar la pauta de cada encuentro. Se realizan presentaciones de 5 a 25 minutos cada una, siempre trayendo novedades y dinámicas diferenciales para espacios presenciales.

En la actualidad los encuentros también incluyen celebración de cumpleaños, bienvenida a nuevos ingresantes, reconocimientos especiales y otros tipos de celebraciones particulares. Si bien los encuentros son organizados integralmente por el área de RRHH, con especial dedicación de CI y eventos, cada edición es conducida por una dupla de colaboradores autopostulada.

¿Identifican a alguno de ellos como el más efectivo?

Luego de un año de desarrollo de los Encuentros SéNatura, consideramos que funciona como uno de los espacios más eficientes de la estrategia de CI, al garantizar una comunicación directa, interactiva, presencial, masiva, inmediata y protagonizada por los propios colaboradores, lo que resulta en un nivel de relevancia y atención diferencial.

¿Incluyeron a las nuevas tecnologías como canal formal de la comunicación de contenidos estratégicos? Por ejemplo: grupos de whatsapp, grupos cerrados de Facebook, intranet, blogs, circuito cerrado de TV.

Actualmente, Natura cuenta con el apoyo de nuevas tecnologías, como:

- Intranet, con su respectivo formato *responsive* para una mejor visualización en el celular. Incluso, en 2016, además de contar ya con espacios de comentarios y "me gusta" en todas las notas, incluimos un *feed* interactivo para que los colaboradores puedan comentar libremente acerca de la información compartida en la intranet o en otros espacios y "taggearse" entre sí para generar redes de discusión o grupos cerrados, si así lo desearan.
- Murales digitales en nuestros espacios.
- Grupos cerrados de Facebook para eventos especiales, como los encuentros de fuerza de venta realizados dos veces por año.

¿Hay una demanda diferenciada en cuanto a la información requerida por los colaboradores, de acuerdo con las distintas generaciones que conviven en la compañía?

Las principales diferencias que encontramos en términos de demanda generacional se relacionan más con formatos y vehículos que con contenidos. Es decir, hay una mayor demanda por parte de la Generación Y de información "en tiempo real", en formatos cortos (información más concreta) y que presente la posibilidad de interactuar.

Por eso, considerando que el 75% de nuestro público administrativo corresponde a esta generación, desde enero de 2016 aplicamos un cambio de lenguaje orientado a un estilo más periodístico, relevante, preciso y oportuno.

Si bien no hay una notable demanda diferenciada de contenidos, las características de esta Generación Y también nos llevaron a generar contenidos pensando en el cuidado de los colaboradores tanto de "9 a 18" como de "18 a 9". Así, elaboramos consejos para prevenir el contagio del dengue, las olas de calor, el consumo de alcohol, el cuidado del uso de energía, etc.

¿Tienen algún ejemplo puntual en el cual una campaña/ acción de comunicación interna haya trascendido las fronteras de la compañía, aportando a la Marca Empleador en modo de recomendación dentro del entorno de los colaboradores y posicionándola como un buen lugar para trabajar?

En marzo de 2015 lanzamos el Movimiento SéNatura. Esta campaña se presentó como un movimiento de valorización y reconexión con la cultura de Natura; una nueva manera de inspirarnos, movilizarnos, sensibilizarnos y reconectarnos con nuestra esencia. Consistió en una propuesta conceptual y visual sostenida que invitaba al protagonismo y a la acción con la premisa de que "Todos somos agentes de responsabilidad en la co-creación de Natura".

El concepto de "Ser en el hacer" invitaba a reflexionar acerca de una búsqueda de "sentido" (de sentir y de significado) de nuestras vidas, dentro de las cuales vamos descubriendo que, al final del día, somos lo que hacemos y hacemos lo que somos. "Soy Natura; hago Natura", porque Natura está formada por nuestros colaboradores (valorización). Por lo tanto, nuestros colaboradores hacen Natura (protagonismo). El concepto era una invitación, una propuesta y un compromiso de co-construcción de identidad y reconexión con nuestra esencia.

Lo que comenzó como un movimiento interno se convirtió posteriormente en la "bandera" para compartir, especialmente en redes sociales (Instagram y Facebook): acciones o propuestas cotidianas co-construidas por Natura con sus colaboradores. Así, los propios colaboradores inauguraron el hashtag #SéNatura y se convirtieron en embajadores de la Marca Empleador, al postear fotos, videos o testimonios en sus propias redes sobre aquellos temas o eventos que los hacen sentir que *trabajar en Natura es diferente*. Incluso, tomamos esta acción, y consultando previamente con los colaboradores, republicamos algunos de estos posteos para mostrar en nuestra Fanpage de Facebook, por ejemplo, qué sienten en el día a día las personas que están detrás del negocio, que trabajan en esta empresa.

Si la compañía atravesó una crisis, ¿de qué modo contribuyó la comunicación interna a revertir la percepción de la situación generada por los rumores?

La premisa fundamental para prevenir crisis en Natura se vincula con comunicaciones cercanas e inmediatas entre gestores y equipos. En Natura hay dos claves para evitar la magnificación de las crisis: *los tiempos y la cercanía*. Nuestra gestión integral de RRHH se basa en la proximidad. Por eso, cuando las informaciones son delicadas y requieren actuación inmediata, se baja la información en cascada a gestores y colaboradores, y luego se hace una verificación con nuestra red de voceros de CI para confirmar el entendimiento en cada caso.

¿Cuál de los canales/medios utilizados es el que genera mayor retroalimentación por parte de los colaboradores?

Sin dudas, por el rol en sí mismo, la red de voceros fue creada con este fin. Su función consiste en:

1. Reforzar información específica de Natura en sus áreas con mayor eficiencia.
2. Compartir información clave de sus áreas con toda la compañía.
3. Transmitir feedback en sentido horizontal entre las áreas y la empresa acerca de noticias puntuales.

La intranet, por su parte, es el vehículo que posibilita que todos los colaboradores puedan opinar sobre cada noticia y retroalimentarlas.

¿Se traducen las propuestas de los colaboradores en acciones concretas generadoras de cambio?

Sí. Aunque paulatinamente estamos reemplazando las encuestas de satisfacción tradicionales por espacios de escucha y co-construcción más cercanos (como *focus groups* y reuniones de pauta de voceros, entre otros). Cada vez que se las utiliza con un propósito, procuramos atenernos a la recomendación dada por el colaborador para garantizar la cercanía, transparencia y credibilidad.

Cada dos años, por ejemplo, hacemos una encuesta sobre comunicación interna. En la última edición se identificó que los colaboradores consideraban que los vehículos de CI eran suficientes y que no requerían mayor innovación, sino mayor equilibrio de contenidos entre sí (no redundar con la misma información en todos los vehículos sino articularla y complementarla). Así, decidimos en aquel momento frenar la búsqueda de nuevos soportes de CI y trabajar sobre la propuesta presentada.

Otro ejemplo son las decisiones avaladas en los comités de creación conjunta, como los comités de Educación o de Beneficios. Son espacios integrados por colaboradores de diversas áreas, postulados voluntariamente, en los que se deciden temas como la creación de nuevos beneficios o contenidos dentro de las propuestas de desarrollo, por ejemplo.

Dentro de tu estilo de comunicar, ¿hay algún aspecto que cuides obsesivamente o que consideres que no puede fallar?

Natura considera que la comunicación debe ser clara, transparente y oportuna. Debe estar anclada en la estrategia de informar y además que nos relacione con lo que el colaborador espera y quiere saber. Debe guiar y acompañar al vocero, ya que es la clave del éxito del feedback. Estos puntos reflejan nuestro compromiso con una comunicación interna efectiva.

Uno de los puntos de mayor atención en lo que respecta a las comunicaciones internas en Natura es la inmediatez, la precisión y la cercanía. Esto resulta especialmente importante considerando que desde Argentina lideramos la Directoría Internacional que da soporte al crecimiento de la empresa en los cinco países en los que Natura opera en Latinoamérica, sin contar Brasil.

Muchas veces, las novedades que suceden en Brasil e impactan a Latam podrían demorarse días en transitar los procesos de comunicación formal tradicionales hasta llegar a los colaboradores de los otros países, corriendo el riesgo, como en toda empresa multinacional con gran rotación entre países, que las noticias lleguen primero por canales informales, como whatsapp o, incluso, Facebook.

Por eso, desde hace varios años tomamos como prioridad la inmediatez en las comunicaciones, pero sobre todo la anticipación y la coordinación de equipos de CI.

Planificamos las comunicaciones pensando en los diferentes públicos involucrados. Es importante contar las historias detrás de las noticias, el contexto y los desafíos con mensajes diferentes y alineados con la realidad de cada audiencia. La clave es ir evolucionando en las comunicaciones, para que cada mensaje resulte natural y nunca una sorpresa. Por eso, el foco en las historias es tan importante para nosotros.

Nos basamos en una estrategia que denominamos Gestión de Proximidad. Básicamente, consiste en un fraseo de comunicaciones transparentes y ordenadas, dinámicas en la integración y cercanía, principalmente personales, que permiten comunicar los temas con tiempo y claridad, y lograr una buena integración de los líderes con el resto de los colaboradores de la empresa. Resulta fundamental para llevar tranquilidad y previsibilidad a los equipos. Este aspecto particular de Natura, sobre el que ponemos mucho foco, es el cuidado de los vínculos entre las personas.

¿Hay alguna experiencia que hayas vivido en tu actual compañía o en otra, que te haya marcado, que la hayas sentido como una gran experiencia de aprendizaje?

En 2015 acompañamos los cambios de posiciones de nueve líderes de nuestras operaciones internacionales, incluidos a dos CEOs: Diego de Leone, quien pasó de la Dirección de Marketing Internacional a la Gerencia General de Argentina, y Pedro Gonzales, anterior Gerente de Argentina y actual Gerente General de Colombia.

Por un lado, el desafío de estos movimientos fue lograr que todos nuestros líderes se sintieran bien en situaciones de cambios de posiciones y procesos de adaptación a países, de integración, para garantizar el cuidado de las personas y de sus familias. Y, por el otro, preparar los contextos de los equipos locales para acompañar los cambios. La clave es planificar estas transiciones con tiempo, para cuidar a la persona y su entorno, al profesional y a los equipos. La llegada de Diego a la operación de Argentina fue cuidada durante meses, logrando un equilibrado traspaso de funciones con Pedro, el gerente general anterior de la operación.

Como mencionamos previamente, armamos un plan de transición y comunicación planificado. Fue importante contar la historia del cambio, el contexto y los desafíos con mensajes diferenciados y alineados a la realidad de cada audiencia. La clave aquí fue asegurar las evolución de las comunicaciones para que cada mensaje resultara natural y nunca una sorpresa. Por eso el foco en las historias es tan importante para nosotros.

Un aspecto particular de Natura sobre el que pusimos mucho foco fue el cuidado de los vínculos entre las personas. Pedro lideró la operación de Argentina durante muchos años, en los que se caracterizó por excelentes resultados y un gran carisma. Diego tenía un desafío por delante que supo llevar con un gran sello personal, pero sobre todo con la escucha y cercanía con las personas, incluyendo tanto a nuestros colaboradores administrativos como a nuestra fuerza de venta. Somos una empresa de relaciones y el cuidado de este factor es determinante para nuestro estilo de liderazgo, y en los resultados de gestión de personas y su consecuente impacto en el negocio.

LA CULTURA Y LA COMUNICACIÓN CONSTITUYEN EL ADN DE NUESTRA COMPAÑÍA

Anabella Victoria Tedesco*
Gerente de Desarrollo Organizacional, Talent Management
y Comunicaciones Internas de Cervecería Argentina Isenbeck

¿En qué medida la comunicación interna está centrada en dar a conocer información sobre el negocio o a comunicar y reforzar valores de la cultura interna? ¿Utilizan canales diferenciados de acuerdo con cada tipo de comunicación?

La comunicación interna es el principal medio que nos ayuda a los equipos de Recursos Humanos a dar a conocer de una forma más "divertida", flexible y entendible los indicadores que hacen a la estrategia del negocio. De esta forma, tornamos accesible aquella información que hace unos años era únicamente para los miembros del comité ejecutivo y estaba alejada del conocimiento de nuestros em-

---

*   Anabella Tedesco es gerente de Desarrollo Organizacional, Talent Management y Comunicaciones Internas en Cervecería Argentina Isenbeck. Licenciada en Relaciones Laborales, esta joven profesional ingresó a la compañía en 2011 para desarrollar un nuevo rol en Trade Marketing; esto la llevaría a crecer profesionalmente dentro de Recursos Humanos como Business Partner del área Comercial y Marketing. Con más de cinco años de gestión exitosa en Cervecería Argentina Isenbeck y con una carrera en pleno ascenso, ha adquirido una sólida experiencia en los ámbitos de cambio y desarrollo organizacional, planificación estratégica de comunicaciones internas y gestión del talento, en el marco de una organización que en 2016 ha transitado por uno de los procesos más grandes de fusión y adquisición de la bolsa de valores del mercado mundial, el de SABMiller y AB InBev.

pleados. Hoy en día, la comunicación interna es un eslabón para generar una cultura de trabajo integrada donde todos somos parte y tenemos acceso a la información adaptada según el auditorio que corresponda.

¿Por qué hablamos de "comunicaciones internas" y no de "informaciones internas"?

Lo importante es que el contenido que se publique genere una reacción/acción en el receptor. Desde el momento de lectura, debe generar el entendimiento sin doble interpretación, y buscar que quien lo lea sepa que su accionar diario está bien, o que debe hacer un "golpe de timón" en lo funcional u operativo de sus acciones cotidianas.

No esperamos que solo lean el contenido, esperamos que sean parte, que se sientan orgullosos de las acciones que se publican, que potencien los "cómo" del hacer de nuestros procesos, que conozcan el resultado del negocio, y que los esfuerzos de cada una de las acciones tengan sus frutos.

¿Cuáles son los principales medios de gestión de la comunicación interna utilizados por la compañía? ¿Se han ido modificando en los últimos tiempos? ¿Identifican a alguno de ellos como el más efectivo?

En Cervecería Argentina Isenbeck hemos progresado mucho en los últimos dos años en materia de comunicaciones internas. Tenemos diferentes medios según el auditorio, así como también el fin de la comunicación en sí. Disponemos de una plataforma interna, que no es intranet (todos los usuarios corporativos pueden acceder desde cualquier computadora, celular inteligente o tablet), cuyo principal foco son los beneficios corporativos. Los usuarios ingresan para acceder a descuentos corporativos, aunque también para participar de concursos generados por el área de Recursos Humanos para que el personal pueda asistir a eventos de nuestras marcas. En Cervecería Argentina Isenbeck tenemos como premisa que nuestro principal embajador de marca son nuestros empleados. También contamos con mailings internos, los cuales tienen mayor éxito en los usuarios que son back office. Es un medio directo de comunicación, aunque es de suma importancia ser innovador con el "asunto" del mail, ya que si no podría perderse en las decenas de correos electrónicos recibidos a diario.

Carteleras físicas: disponemos en todas nuestras sedes de carteleras con información atemporaria; es decir, son comunicados realizados específicamente para dicho medio donde su principal objetivo no es comunicar algo urgente sino contar nuestras actividades y un poco más sobre nuestra cultura organizacional. Este tipo de medio toma mayor relevancia en nuestra planta productiva y es clave que su ubicación sea en lugares estratégicos. Y nuestro último y gran logro es la instalación de carteleras digitales. Aquí la información se renueva de forma diaria y permite jugar mucho con el interés del personal, logrando captar su atención. La cartelera digital es un gran aliado en la gestión de indicadores diarios para poder darles seguimiento a los indicadores.

En cualquiera de los medios que mencionamos antes, para nosotros es fundamental el diseño de la pieza. Creemos que mediante la creatividad podemos transmitir y ayudar a adquirir de forma inconsciente contenidos que hacen a nuestra cultura organizacional.

¿Incluyeron a las nuevas tecnologías como canal formal de la comunicación de contenidos estratégicos? Por ejemplo: grupos de whatsapp, grupos cerrados de Facebook, intranet, blogs, circuitos cerrados de TV.

Las nuevas tecnologías, o las nuevas aplicaciones para la tecnología actual, se van haciendo lugar poco a poco en las comunicaciones de las empresas. Si bien en Cervecería Argentina no tenemos estos medios como canales formales de comunicación, han sido adoptados por los distintos equipos de trabajo como medios "formales" dentro de sus dinámicas diarias. Esto permite que los distintos equipos se encuentren comunicados de manera mucho más ágil y les permiten tomar decisiones que, gracias a estos medios, se hacen más ágiles. Por supuesto, luego se encuentran acompañados de los procesos formales que la compañía tiene para la implementación de esos trabajos.

También son de mucha utilidad para detectar contenido que pueden ser utilizados luego en nuestras acciones de comunicación; muchas veces nos enteramos de que algunos operarios consiguen logros en sus estudios, o que un profesional se recibe en una maestría, o que es posible que una simple pregunta pueda ser generadora de una idea que luego podemos proyectar y contar al resto de la organización. Por eso hemos estado adaptándonos para obtener su mejor provecho.

Poseemos un sistema de comunicaciones intraequipos de la organización que nos permite trabajar a distancia compartiendo contenidos, tener conversaciones telefónicas y/o que seamos varios en la participación de dicha planificación.

Contamos con una sala especialmente equipada y preparada para tener conversaciones con otras afiliadas de la misma corporación del mundo, en modo "tele presencia". Esto significa que estamos sentados frente a distintos equipos de trabajo, sin importar el lugar en que se encuentren como si estuviéramos en una misma sala.

Todo esto da para pensar que sin dicha tecnología, para una empresa global, sería imposible ser eficientes en los tiempos que corren.

¿Hay una demanda diferenciada en cuanto a la información requerida por los colaboradores, de acuerdo con las distintas generaciones que conviven en la compañía?

El promedio de edad de nuestra compañía es de 36 años y la antigüedad promedio es de seis años. La realidad es que no tenemos una demanda específica sobre la información que los empleados requieren, pero sí notamos que el auditorio es selectivo al momento de recibir y comprender la información que enviamos. Claramente todo lo que corresponde a beneficios corporativos tiene un impacto inmediato y es atractivo ver cómo cualquiera sea el evento por el que estén participando, un recital de rock o un evento premium de una de nuestras marcas, las distintas generaciones terminan por tener gran participación. Por lo cual, en lo que pudimos trabajar fue en aprender a través de este tipo de "concursos" a comunicar conceptos tácticos estratégicos que precisábamos que nuestros empleados supieran. Los concursos corporativos tienen consignas relacionadas con las marcas o con información que hemos enviado anteriormente relacionadas con el desarrollo del negocio; por ejemplo: metas organizacionales, alcances de ventas, objetivos de marcas. Así, trabajamos en dos puntos importantes: por un lado medir la eficiencia de las comunicaciones enviadas, y por el otro asegurarnos de que si aún el concepto no había sido claro, al buscar la respuesta para el concurso se lo puede aclarar y adquirir.

Es interesante para nosotros ver cómo ante una publicación fallida o con algún dato erróneo o expresión poco clara, recibimos mails de diversos usuarios haciendo mención a la oportunidad de mejora gracias a esa nota; esto quiere decir que los empleados leen los comunicados aunque sean de diversos temas. También reafirma que estamos captando su atención de tal forma que pueden ayudarnos a mejorar; estamos construyendo una cultura de trabajo integrada y en equipo.

¿Tienen algún ejemplo puntual en el cual una campaña/acción de comunicación interna haya trascendido las fronteras de la compañía, aportando a la Marca Empleador en modo de recomendación dentro del entorno de los colaboradores y posicionándola como un buen lugar para trabajar?

Como compañía global, dentro del área de desarrollo organizacional hemos realizado hace cuatro años la implementación de un programa de cultura organizacional muy importante llamado "Trabajo con significado".

Este programa comenzó como su nombre lo menciona: un programa regional cuyo objetivo era la implementación de una cultura de trabajo donde, mediante ocho grandes conceptos/preguntas podíamos evaluar el avance de nuestra cultura organizacional y cómo nuestras diversas actividades tenían impacto dentro de ella. Otro gran factor era buscar que los empleados pudieran entender el real impacto de su función dentro de la organización a través de esos ocho conceptos y así comprender cómo aportaban al negocio. Los conceptos eran lo suficientemente globales como para abarcar todos los puntos clave para el desarrollo de la organización desde el punto de vista de RH: "si conozco el panorama general de la compañía, sé lo que se espera de mí; pongo en práctica mi discreción y autonomía; dispongo de instrumentos, condiciones y herramientas de trabajo para realizar mi labor, y recibo retroalimentación y reconocimiento. Tengo a quien recurrir ante un problema, poseo oportunidades de entrenamiento y desarrollo, así como oportunidades de avanzar en mi carrera".

Si bien el programa tenía el contenido definido de forma regional y una estética definida, cada país debía hacer su propio plan de comunicación para que los empleados entendieran el programa y sus conceptos. Esto implicó un plan integral a nivel de toda la compañía, pasando por presentación y capacitación a los líderes, y un plan intenso de comunicación. Este programa era evaluado mediante una encuesta anual donde se medían estos ocho conceptos con un semáforo para entender el avance organizacional. Lo importante del programa era que todos, desde el operario hasta el CEO, tenían un *accountability* en su desarrollo, lo que hacía realmente a la constitución de una nueva cultura de trabajo totalmente integrada. "Trabajo con Significado", en definitiva, mostraba quién era Cervecería Argentina Isenbeck, cómo pensábamos nuestros planes a largo plazo, cómo queríamos trabajar en nuestras grandes oportunidades de mejora y cómo seguir fortaleciéndonos en nuestros puntos ya logrados. Claramente "Trabajo con Significado" nos permitía planificar en el largo y mediano plazo enfocados un 100% en nuestra gente: por, para y con nuestra gente.

Si la compañía atravesó una crisis, ¿de qué modo contribuyó la comunicación interna a revertir la percepción de la situación generada por los rumores de "radio pasillo"?

Nos tocó vivir un interesante momento para la compañía, no lo denominaría crisis sino un gran cambio organizacional.

La comunicación interna nos permitió unificar dos criterios importantes: el primero fue mantener al personal informado de la misma forma en todas partes del mundo. Es decir, el proceso de comunicación estaba muy reglamentado y alineado en cuanto a lo formal, por lo cual cada comunicación escrita salía al mismo tiempo y con el mismo contenido hacia todo el mundo. Esto nos ponía frente a un gran desafío como Recursos Humanos, ya que al no poder adaptar los mensajes era importante hacer un chequeo de ellos, de manera personal con los empleados, lo cual también nos permitió un encuentro "uno a uno" con nuestros colaboradores para entenderlos más de cerca, conocer sus interpretaciones y sus preocupaciones, en caso de tenerlas. Y en segundo lugar, no por ello menos importante, nos permitió demostrar que realmente lo que se iba comunicando era lo que realmente sucedía, y cuando hablábamos de una continuidad de negocio era esencial para nosotros comunicar y demostrar todas las acciones que seguíamos haciendo, aun cuando el contexto parecía ser desfavorable. Para este proceso, nuestra comunicación interna estuvo compuesta por actividades e inversiones para todos por igual. Esto nos ayudó mucho a disminuir el "radio pasillo", que era inevitable, al entender el contexto, y permitió darles argumentos a los líderes para seguir trabajando y motivando a sus equipos ante las incertidumbres.

Dentro de tu estilo de comunicar, ¿hay algún aspecto que cuides obsesivamente o que consideres que no puede fallar?

Como mencionamos anteriormente, la estética y creatividad del mensaje es todo. Cuidar cada detalle hace que todos los elementos de la comunicación estén interrelacionados; desde el cuidado de la estética corporativa, pasando por diseños disruptivos, hasta mensajes cortos, concisos y relacionados con el manifiesto de cada una de las marcas o valores corporativos hacen de cada mensaje un *flyer* que comunica no solo la información objetivo sino también una cultura de trabajo.

¿Utilizan alguna herramienta o tienen algún proceso que les permita conocer cómo los colaboradores han recibido la comunicación, qué han entendido y cómo ha impactado en su quehacer cotidiano?

En la compañía utilizamos muchos procesos de chequeo y acercamiento con la gente, para que podamos garantizar el éxito de las comunicaciones. No consideramos que las "herramientas de comunicaciones internas" deban ser el medio de comunicación para decir lo que piensa el comité ejecutivo, sino que, por el contrario, es un refuerzo para lo que los mandos medios y los directivos de la compañía tienen como misión a la hora de comunicarse con sus colaboradores. Estos espacios de comunicación son generados especialmente para que los líderes puedan conocer aquello que los colaboradores tienen como información, o las expectativas de todo tipo que pudieran haber surgido. Esta cultura de comunicación uno a uno está muy arraigada en la compañía; de todos modos, desde Recursos Humanos siempre estamos recordando y recomendando que esos espacios tengan prioridad en las agendas de los líderes.

ESTAMOS CONVENCIDOS DE QUE EL PODER ESCUCHARNOS ENTRE TODOS LOS QUE HACEMOS LA EMPRESA ES LO QUE NOS HACE CRECER

Juan I. Uribe*
Director de Recursos Humanos en Aerolíneas Argentinas

Baso mis respuestas en mi experiencia como director de Recursos Humanos del Grupo Logístico Andreani, dada mi reciente incorporación a Aerolíneas Argentinas.

¿En qué medida la comunicación interna está centrada en dar a conocer información sobre el negocio o a comunicar y reforzar valores de la cultura interna?

El Grupo Logístico Andreani tiene la particularidad de ser una empresa con 130 sucursales distribuidas en todo el país, y a ello se le suman 10 plantas en Brasil. Nuestro principal

---

* Juan I. Uribe es licenciado en Economía de la Facultad de Ciencias Económicas de la Universidad de Buenos Aires, Argentina, y posee un EMBA del IAE, Universidad Austral, Buenos Aires, Argentina. Actualmente ocupa el cargo de director de Recursos Humanos en Aerolíneas Argentinas. Posee una sólida experiencia obtenida a lo largo de su vasta carrera profesional, desempeñándose en grandes compañías de diversas industrias, tanto del ámbito privado como del estatal. Ha estado a cargo de las direcciones de Recursos Humanos del Ministerio de Transporte de la Nación, del Grupo Logístico Andreani, de Aeropuertos Argentina 2000, de Molinos Río de la Plata, de Tetra Pak, para Argentina, Cono Sur y Suiza, así como también ha ocupado las gerencias de Recursos Humanos de Philips Morris y de Mercedes Benz Argentina. Para aportar sus conocimientos sobre capital humano a otras compañías, forma parte de la consultora Irmotasuna.

reto entonces era que nuestros 7.000 colaboradores conocieran y vivenciaran tanto nuestra cultura como toda la información necesaria para el funcionamiento eficiente de todas las líneas de negocio. Por eso, podemos afirmar que el fin de la comunicación en Andreani era promover tanto la cultura de la compañía, lo que incluye dar a conocer no solo la información del negocio y de la empresa, como también de los proyectos, las inversiones, las innovaciones y los hitos que vamos alcanzando.

Nuestra cultura está basada en los valores que constituyeron la piedra basal de la empresa fundada en la ciudad de Casilda, provincia de Santa Fe, en 1945 y que hoy son repetidos por nuestro presidente, don Oscar Andreani, cuando recorre personalmente nuestras distintas sucursales del Gran Buenos Aires. El Grupo Andreani es un negocio nacional y familiar, de alcance regional, que se ha ido reinventando a lo largo de estos más de setenta años y su cultura es permanentemente reforzada por los mensajes y las acciones que impulsan sostener el liderazgo en calidad, trabajo en equipo y atención al cliente a partir de la comunidad que integran los colaboradores y los transportistas de Andreani.

¿Utilizan canales diferenciados de acuerdo con cada tipo de comunicación?

El desafío es llegar a todos los colaboradores y a la totalidad de quienes integran la comunidad Andreani. Para ello se recurre a diversos tipos de canales, tanto presenciales como digitales y físicos para dar respuestas a la dispersión geográfica de nuestras operaciones con oficinas y centros logísticos a lo largo del país.

El rol de los líderes adquiere gran importancia en la comunicación interna ya que los colaboradores se hallan distribuidos en diversas localidades de Argentina y Brasil. Por esta razón, cada líder es el responsable de bajar la información en cascada para que les llegue a todos sus colaboradores. Los números y la información más importante se comunican en carteleras ubicadas en los principales lugares de paso para que todos puedan acceder a ella.

¿Cuáles son los principales medios de gestión de la comunicación interna utilizados por la compañía? ¿Se han ido modificando en los últimos tiempos? ¿Identifican a alguno de ellos como el más efectivo?

Utilizamos todos los medios a nuestro alcance para lograr eficacia y efectividad dada la dispersión geográfica, la diversidad en los perfiles de nuestros colaboradores, de los transportistas y de los funcionarios. Para lograrlo recurrimos no solo a medios gráficos, sino también a medios digitales y acciones presenciales.

Es importante destacar que si bien en los últimos años la comunicación en Andreani ha ido migrando de medios impresos (*house organ* y carteleras) a lo digital (mails, intranet y carteleras virtuales), adquiriendo estos últimos mayor presencia en la ecuación, la comunicación cara a cara sigue siendo muy valorada. Por eso mantenemos toda una cultura que avala los encuentros en persona, a los que los líderes recurren no solo para dar información del negocio, sino para seguir afianzando nuestros valores del trabajo en equipo, para contagiar la pasión por lo que hacemos, para continuar reinventando nuestro negocio con la mira puesta en el futuro. Por ello, en nuestra organización promovemos la escucha activa porque estamos convencidos de que el poder escucharnos a todos los que hacemos la empresa es lo que nos hace crecer.

¿Incluyeron a las nuevas tecnologías como canal formal de la comunicación de contenidos estratégicos? Por ejemplo: grupos de whatsapp, grupos cerrados de Facebook, intranet, blogs, circuito cerrado de TV.

Contamos con un canal en YouTube, pero aún no se ha incluido este tipo de tecnologías, si bien en 2016 ya estaba en estudio la posibilidad de ir incorporándolas.

¿Hay una demanda diferenciada en cuanto a la información requerida por los colaboradores de acuerdo con las distintas generaciones que conviven en la compañía?

Una de las particularidades de nuestra empresa es que conviven a diario tres generaciones con costumbres y necesidades de información bien diferenciadas. Así, la comunicación se ha ido ajustando de acuerdo con cada segmento etario y con la evolución de las tecnologías. En respuesta a dicha evolución y al desafío de preservar y difundir la cultura Andreani se han ido incorporando y adecuando los canales y los formatos de mensajes, con el fin de poder satisfacer la demanda comunicacional. Resumiendo, tenemos una marcada diferencia entre los Millennials, que son nativos digitales, casi los reyes de la inmediatez, y los Baby boomers, que prefieren la comunicación por escrito, poder llevarse la información en la mano para leerla en sus casas y compartirla con sus familias.

¿Tienen algún ejemplo puntual en el cual una campaña/acción de comunicación interna haya trascendido las fronteras de la compañía, aportando a la Marca Empleador en modo de recomendación dentro del entorno de los colaboradores y posicionándola como un buen lugar para trabajar?

Si bien no podemos mencionar una campaña de comunicación interna en particular y que haya trascendido las fronteras de la empresa, aportando a la Marca Empleador, podemos dar fe de que somos considerados como una buena compañía para trabajar, tanto puertas adentro como puertas afuera de Andreani.

Esta particularidad se da por la propia idiosincrasia que nos constituye, por contar con un líder paternalista y carismático que pregona con el ejemplo cada uno de los valores de la compañía, por ser una empresa nacional que ha sorteado todas las crisis por las que ha atravesado nuestro país desde 1945 a esta parte. Por tener la capacidad innata de ir transformándose, no solo en una de las empresas de logística más grande a nivel nacional, sino que ha demostrado que tiene un gran respaldo que la avala y que es muy cuidadosa de su capital más preciado, su capital humano. Somos una de las compañías con menor rotación de personal. Nuestra reputación de marca es comunicada hacia fuera de la compañía por nuestros propios colaboradores, quienes invitan a sus familiares y amigos a postularse en nuestras búsquedas.

Si la compañía atravesó una crisis, ¿de qué modo contribuyó la comunicación interna a revertir la percepción de la situación generada por los rumores de "radio pasillo"?

Como lo comentaba anteriormente, nuestra compañía experimentó tantas crisis como las que atravesó Argentina desde que se fundó Andreani. A lo largo de estos años, la política ha sido la misma, hablar, contar y comprometer a cada uno de los integrantes, siendo honestos con todos ellos. El "radio pasillo" siempre puede generarse, lo importante es enfrentar cada situación y contar lo que está pasando; si ya podemos contar soluciones o dar respuestas, mucho mejor, pero la mayoría de las veces para evitar que los miedos infundados atenten contra el normal desenvolvimiento de cada colaborador, sea cual fuere su puesto; nuestra cultura es hablar.

¿Cuál de los canales/medios utilizados es el que genera mayor retroalimentación por parte de los colaboradores?

Lo digital, intranet sin dudarlo, es uno de los más utilizados por la mayoría de nuestros colaboradores. Es el medio por excelencia al que todos acuden para saber qué está pasando en la empresa, a qué nuevos beneficios se puede acceder, etc. La mayor tasa de respuesta la tenemos cuando hay alguna encuesta, trivia o juego; por ejemplo, los resultados de los partidos en el Mundial de Fútbol o de la Copa América.

¿Se traducen las propuestas de los colaboradores en acciones concretas generadoras de cambio?

Los grupos de mejora implementados a lo largo de las diferentes operaciones facilitan la participación de todos los colaboradores en cada lugar de trabajo generando acciones superadoras con impacto en su operación y de alcance a todo el negocio.

Andreani tiene una cultura basada en la innovación permanente con el propósito de mantenerse cerca del cliente y a la vanguardia del mercado. Gracias al foco puesto en la calidad y la innovación, hemos no solo sorteado las crisis de mercado, sino que hemos crecido en segmentos de negocios que nos han permitido lograr un posicionamiento diferencial en el sector en el que competimos, y esto se debe en gran parte al espíritu participativo y a las mejoras generadas en cada una de las operaciones.

Dentro de tu estilo de comunicar, ¿hay algún aspecto que cuides obsesivamente o que consideres que no puede fallar?

Los desayunos o charlas abiertas con los colaboradores crean el clima adecuado para que se sientan con la libertad de manifestar sus inquietudes, que puedan plantear propuestas de mejora o simplemente contar cómo están viendo su avance de carrera en la empresa. En Andreani tenemos una gran cantidad de colaboradores que terminan sus estudios gracias a la implementación de un programa de apoyo a quienes estudian, así que muchos quieren contarnos que están pasando sus exámenes o que están prontos a recibirse. Obviamente también están los encuentros para bajar la información que hace al funcionamiento y al crecimiento del negocio. Una de las claves a tener en cuenta en estos encuentros es no enojarse ante los reclamos y aceptar todo tipo de preguntas.

¿Utilizan alguna herramienta o tienen algún proceso que les permita conocer cómo los colaboradores han recibido la comunicación, qué han entendido y cómo ha impactado en su quehacer cotidiano?

Tenemos programas que monitorean de manera directa los valores midiendo su estado en cada operación. El programa Valores en Acción, llevado adelante por terceros ajenos a la compañía, monitorea los valores a través de entrevistas y *focus group* con miembros de una operación, relevando la vivencia de los valores Andreani en dicha locación. El monitoreo se realiza de manera aleatoria a lo largo de la empresa y se eleva un informe a la propia Dirección de Andreani y a la Gerencia del lugar donde se realizó el relevamiento.

BIBLIOGRAFÍA

Álvarez Teijeiro, C.; Farré, M. y Fernández Pedemonte, D.: *Medios de comunicación y protesta social en la crisis argentina*. La Crujía Ediciones, Buenos Aires, 2002.

Argyris, C.: *Conocimiento para la acción, una guía para superar los obstáculos del cambio en la organización*. Ediciones Granica, Buenos Aires, 2009.

Arrueta, C.; Brunet, M. y Guzmán, J.: *La comunicación como objeto de estudio*. Ediciones DASS, San Salvador de Jujuy, 2010.

Bateson, G. *et al.*: *La nueva comunicación*. Editorial Kairós, Barcelona, 1994.

Bauman, Z.: *Mundo-consumo. Ética del individuo en la aldea global*. Ediciones Paidós, Buenos Aires, 2010.

Berceruelo, B.: *Nueva comunicación interna en la empresa. Claves y desafíos*. Editorial Aedipe, Madrid, 2014.

Bloch, S.: *Al alba de las emociones. Respiración y manejo de las emociones*. Uqbar Editores, Santiago de Chile, 2008.

Bohm, D.: *Sobre el diálogo*. Editorial Kairós, Barcelona, 2011.

Boyatzis, R. y McKee, A.: *Resonant Leadership*. Harvard Business School Press, Boston, 2005.

Brafman, O. y Beckstrom, R. A.: *La araña y la estrella de mar*. Empresa activa, Barcelona, 2007.

Burkus, D.: "Some Companies Are Banning Email and Getting More Done", *Harvard Business Review*, Junio 2016.

Cappelli, P.: "Why We Love to Hate HR… and What HR Can Do About It ", *Harvard Business Review*, Julio-agosto 2015.

Carrier, E.: Facebook, amenazada. *Blog de Carrier y Asoc.* Mayo 2015. Recuperado de http://www.comentariosblog.com.ar/?s=facebook

Charan, R.; Barton, D. y Carey, D.: "People Before Strategy: A New Role for the CHRO", *Harvard Business Review*, Julio-Agosto 2015.

CEPAL (Comisión Económica para América Latina y el Caribe): *Estado de la banda ancha en América Latina y el Caribe 2016*. Recuperado de http://www.cepal.org/es/publicaciones/estado-la-banda-ancha-america-latina-caribe-2016

Comscore. Digital Future in focus Argentina 2015. Recuperado de https://www.comscore.com/lat/Prensa-y-Eventos/Presentaciones-y-libros-blancos/2015/Futuro-Digital-Argentina-2015 Futuro Digital Global 2016. Recuperado de http://www.comscore.com/esl/Prensa-y-Eventos/Presentaciones-y-libros-blancos/2016/2016-Global-Digital-Future-in-Focus. Digital Future in Focus LATAM 2016. Recuperado de http://www.comscore.com/Insights/Presentations-and-Whitepapers/2016/Future-in-Focus-and-Cross-Media-Insights-for-Latin-America

Cook, T. E. y Gronke, P.: "The Skeptical American: Revisiting the Meanings of Trust in Government and Confidence in Institutions", *Luisiana State University*, March 2004, págs. 1-39.

Covey, S. R.: *El 8° hábito. De la efectividad a la grandeza*. Ediciones Paidós, Buenos Aires, 2011.

—— *Los 7 hábitos de la gente altamente efectiva*. Ediciones Paidós Plural, Buenos Aires, 2011.

Deloitte Consulting SSP y Bersin por Deloitte. *Tendencias Globales del Capital Humano 2014*. Recuperado de https://www2.deloitte.com/content/dam/Deloitte/global/Documents/HumanCapital/dttl-hc-trends-spa-spanish.pdf

Echeverría, R.: *Ontología del lenguaje*. Granica - J. C. Sáez Editor, Santiago de Chile, 2003.

—— *La empresa emergente, la confianza y los desafíos de la transformación*. Ediciones Granica, Buenos Aires, 2006.

—— *Actos de lenguaje. Volumen I: La Escucha*. Ediciones Granica, Buenos Aires, 2007.

—— *Escritos sobre aprendizaje. Recopilación*. J. C. Sáez Editor, Santiago de Chile, 2009.

Edelman Trust Barometer Annual Global Study. 2017. Recuperado de http://www.edelman.com/trust2017/

Elias, N.: *El proceso de la civilización. Investigaciones sociogenéticas y psicogenéticas*. Fondo de Cultura Económica, México, 2009.

Faga, P. *et al.*: *Radiografía de la comunicación interna en la Argentina*. BW Comunicación Interna, Buenos Aires, 2013.

Frankl, V.: *El hombre en busca de sentido*. Editorial Herder, Barcelona, 1979.

Gallup Panel Studies: *State of the American Manager, Analytics and advice for Leaders*. 2015.

Goleman, D.; Boyatzis, R. y McKee, A.: *El líder resonante crea más. El poder de la inteligencia emocional.* Editorial Sudamericana, Buenos Aires, 2003.

Habermas, J.: *Teoría de la acción comunicativa. II: Crítica de la razón funcionalista.* Taurus Ediciones Santillana, Madrid, 1992.

—— *Teoría de la acción comunicativa. I: Racionalidad de la acción y racionalización social.* Taurus Ediciones Santillana, Madrid, 1999.

Hamel, G.: *Lo que importa ahora. Cómo triunfar en un mundo de cambios implacables, competencia feroz e innovación sin barreras.* Grupo Editorial Norma, Buenos Aires, 2012.

Hanlon, Z.: "The Only Five Email Folders Your Inbox Will Ever Need". *Fast Company Review*, Enero 2017.

Harrison McKnight, D.; Choudhury, V. y Kacmar, C.: "Developing and Validating Trust Measures for e-Commerce: An Integrative Typology", *Information System Research*, Vol. 13, No. 3, September 2002, págs. 334-359.

Hoy, W. K. y Tschannen-Moran, M.: "Five Faces of Trust: An Empirical Confirmation in Urban Elementary Schools", *Journal of School Leadership*, Volume 9, May 1999, págs. 184-208.

https://www.google.com/about/company: "Google's mission is to organize the world's information and make it universally accessible and useful".

Jaworksi, J.: *Sincronicidad, el camino interior hacia el liderazgo.* Ediciones Paidós Plural, Buenos Aires, 2008.

Kahneman, D.: *Pensar rápido, pensar despacio.* Debolsillo, San Diego CA, 2011.

Kofman, F.: *Metamanagement Cómo hacer de su vida profesional una obra de arte. Tomo 1 Principios.* Ediciones Granica, Buenos Aires, 2005.

—— *Metamanagement. Cómo hacer de su vida profesional una obra de arte. Tomo 2 Aplicaciones.* Ediciones Granica, Buenos Aires, 2005.

——— *Metamanagement. Cómo hacer de su vida profesional una obra de arte. Tomo 3 Filosofía.* Ediciones Granica, Buenos Aires, 2005.

Kotter, J.: *The Heart of Change: Real-life Stories of How People Change Their Organizations.* Harvard Business School Press, Boston, 2002.

Lencioni, P.: *Las cuatro disciplinas de las organizaciones saludables*, HSM Inspiring ideas. Recuperado de https://www.youtube.com/watch?v=4eDFx1dVRpM 2010

Leocata, F.: *Persona, lenguaje, realidad.* Universidad Católica Argentina, Buenos Aires, 2003.

Luhmann, N.: *La sociedad de la sociedad*. Editorial Herder, México, 2006.

Manes, F. y Niro, M.: *Usar el cerebro. Conocer nuestra mente para vivir mejor.* Planeta, Buenos Aires, 2014.

Maturana Romesín, H.: *El sentido de lo humano*. Ediciones Granica. Buenos Aires, 2008.

—— *La objetividad, un argumento para obligar*. Ediciones Granica, Buenos Aires, 2011.

—— y Dávila, X.: "Las emociones en las organizaciones". Seminario realizado por la Escuela Matríztica de Santiago. Porto Alegre, 2011.

—— y Varela, F.: *El árbol del conocimiento*. Editorial Universitaria, Santiago de Chile,1994.

—— y Verden-Zoler, G.: *Amor y juego, fundamentos olvidados de lo humano desde el patriarcado a la democracia.* Ediciones Granica, Buenos Aires, 2011.

Maxwell, J.: *Everyone Communicates. Few Connect.* Thomas Nelson. Nashville, 2010.

Pearce, W. B.: *Communication and the Human Condition.* Edited by William Jerman, Illinois, 1989.

Piñuel Raigada, J. L.: *Teoría de la comunicación y gestión de las organizaciones.* Editorial Síntesis, Madrid, 1997.

Popper, K.: *Realismo y el objetivo de la ciencia.* Editorial Tecnos, Madrid,1985.

—— *Conocimiento objetivo.* Editorial Tecnos, Madrid, 1988.

—— *Búsqueda con esperanza.* Editorial de Belgrano, Buenos Aires, 1993.

Rulicki, S.: *Comunicación no verbal. Cómo la inteligencia emocional se expresa a través de los gestos.* Ediciones Granica, Buenos Aires, 2011.

Schein E.: *La cultura empresarial y el liderazgo.* Plaza & Janés Editores, Barcelona, 1985.

—— *Organizational Culture and Leadership.* Jossey-Bass a Wiley Imprint, 3ª edición, San Francisco, 2004.

Seidman, D.: *How. Why How We Do Anything Means Everything... in Business (and in Life).* John Wiley & Sons, Inc., New Jersey, 2007.

Senge, P.; Roberts, Ch.; Ross, R.; Smith, B. y Kleiner A.: *La quinta disciplina en la práctica. Estrategias y herramientas para construir la organización abierta al aprendizaje.* Ediciones Granica, Buenos Aires, 2006.

—— Laur, J.; Schley, S.; Smith, B. y Kruschwitz, N.: *La revolución necesaria. Cómo individuos y organizaciones trabajan por un mundo sostenible.* Grupo Editorial Norma, Bogotá, 2009.

—— *La quinta disciplina. El arte y la práctica de la organización abierta al aprendizaje.* Ediciones Granica, Buenos Aires, 2011.

—— y Maturana Romesín, H.: *Clave para la gestión de riesgos laborales y la sustentabilidad*. Colaboración en seminario realizado por la Escuela Matríztica de Santiago, Santiago de Chile, 2013.

Simpson, J. A.: "Psychological Foundations of Trust", *Association for Psychological Science*, Volume 16, Number 5, págs. 264-268.

Taleb, N. N.: *El cisne negro. El impacto de lo altamente improbable*. Ediciones Paidós, Buenos Aires, 2009.

Taylor, C.: *La cultura del ejemplo*. Editorial Aguilar, Buenos Aires, 2006.

The Radicati Group. Email Statistics Report, 2015-2019. Recuperado de http://www.radicati.com/?p=12960

Tomasello, M.: *Origins of Human Communication*. The Massachusetts Institute of Technology Press. Massachusetts (EEUU), 2008.

——*¿Por qué cooperamos?*. Katz Ediciones, Madrid, 2010.

Ton, Z.: *The Good Jobs Strategy. How the Smartest Companies Invest in Employees to Lower Costs and Boost Profits*. MIT Sloan School of Management, Houghton Mifflin Harcourt, Boston, 2014.

Varela, F.: *Conocer: las ciencias cognitivas. Tendencias y perspectivas*. Editorial Gedisa, Barcelona, 2005.

Vasilachis de Gialdino, I. (coord.): *Estrategias de investigación cualitativa*. Editorial Gedisa, Buenos Aires, 2013.

Vodicka, D.: "The Four Elements of Trust", *PL*, November 2006, págs. 27-30.

Watzlawick, P.; Bavelas, J. B. y Jackson D. D.:*Teoría de la comunicación humana. Interacciones, patologías y paradojas*. Editorial Herder, Barcelona, 1983.

Zanotti, G.: *Hacia una hermenéutica realista*. Universidad Austral, Argentina, 2005.

—— "Filosofía de la ciencia y realismo: los límites del método", *Civilizar Ciencias Sociales y Humanas*, Julio-diciembre 2011.

ACERCA DE LOS AUTORES

Andrea Linardi

Andrea Linardi es socia de Al Grupo Humano, consultora enfocada en la gestión con personas en las organizaciones. Se desempeñó durante más de veinte años en el área de marketing de diversas empresas de consumo masivo con una mirada integral sobre los negocios. Poseedora de un gran espíritu emprendedor, hace cinco años decidió volcar toda su experiencia para colaborar con las organizaciones a través de los servicios que brinda desde su consultora Al Grupo Humano, co creada con Miguel Cortina. Apasionada por el desarrollo del talento humano y su impacto en el mundo de los negocios, se especializa en temáticas tales como: Marca Empleador, mujeres y empresas, liderazgo emocional, diversidad generacional y equipos de alto rendimiento. Transmite su legado formando a jóvenes profesionales como docente en diversas instituciones.

Recibió el Premio Iluminis, otorgado por la UCES (Universidad de Ciencias Empresariales y Sociales) edición 2012, en la categoría Excelencia en Desarrollo Ejecutivo.

Doctorando en Comunicación Social de la Universidad Austral de Argentina, cuenta con un MBA de la UCES y es licenciada en Relaciones Públicas de la UADE.

Se desempeña como docente en la Maestría de Coaching y Cambio Organizacional de la UCES; en ADEN International Business School, en los programas ejecutivos para América Latina y se desempeña como instructora en programas de coaching y actividades *outdoor* en el IAE Business School, Argentina.

Cursó el PDD en el IAE Business School. Es coach ontológica certificada por la Universidad del Desarrollo de Chile y Newfield Consulting Echeverría en Chile, así como también diplomada en Biología Cultural: Desarrollo de Habilidades hacia una Transformación Cultural en las Organizaciones y Comunidades Humanas, en la Escuela Matríztica de Santiago de Chile.

Sus notas sobre la gestión del talento y su impacto en los negocios se publican en los principales diarios y revistas reconocidos a nivel nacional e internacional.

Miguel Cortina

Miguel Cortina es socio en Al Grupo Humano, consultora enfocada en la gestión con personas en las organizaciones.

Profesional formado en temas empresariales en general y en Recursos Humanos en particular, desempeñándose durante más de 25 años en posiciones en las áreas de Recursos Humanos, auditoría y procedimientos en empresas globales, como Laboratorios Bagó, Philip Morris International y Kraft Foods, con responsabilidades regionales de Argentina, Chile, Uruguay, Paraguay, Perú, Bolivia y Ecuador.

Dirige proyectos de diagnóstico y diseño organizacional, cambio cultural, selección de talentos y de sistemas compensatorios en Al Grupo Humano, consultora que co-creó con Andrea Linardi hace cinco años. Asiste a individuos en Coaching para el desarrollo de carrera, trabajando en los ejes del saber, del poder y del querer.

Es Contador Público de la Universidad de Buenos Aires, Argentina, con una sólida trayectoria en gestión de capital humano, posee un Posgrado en Recursos Humanos en IDEA, Argentina.

Escribe notas en diarios y revistas especializadas del ámbito nacional, relacionadas con las personas en las empresas.